- *Kümme nuhtlust* -

Sõnakuulmatu *Elu*
ja
Sõnakuulelik *Elu*

Dr Jaerock Lee

*Sest mina tunnen mõtteid,
mis ma teie pärast mõlgutan, ütleb Isand:
need on rahu, aga mitte õnnetuse mõtted,
et anda teile tulevikku ja lootust.*
(Jeremija 29:11)

Sõnakuulmatu Elu ja Sõnakuulelik Elu. Autor: Dr Jaerock Lee
Kirjastaja: Urim Books (Esindaja: Sungnam Vin)
73, Yeouidaebang-ro 22-gil, Dongjak-gu, Sõul, Korea
www.urimbooks.com

Autoriõigusele allutatud. Seda raamatut või selle osasid ei ole lubatud kirjastaja kirjaliku loata mingil kujul reprodutseerida, otsingusüsteemis säilitada ega edastada mingil kujul ega mingite elektroonsete, mehaaniliste vahenditega sellest fotokoopiaid ega salvestusi teha ega seda mingil muul viisil edastada.

(Piiblitsitaadid: Piibel, Tallinn, 1997 – Eesti Piibliseltsi väljaanne)

Autoriõigus © 2020, Dr Jaerock Lee
ISBN: 979-11-263-0576-6 03230
Tõlke autoriõigus © 2012, Dr Esther K. Chung. Kasutatud tõlkija loal.

Eelnevalt välja antud korea keeles: Urim Books, 2007

Esmaväljaanne, 2020, Veebruar

Toimetaja: Dr Geumsun Vin
Kujundus: Urim Books toimetusbüroo
Trükkija: Prione Printing
Lisateabeks võtke ühendust: urimbook@hotmail.com

Sissejuhatus

Ameerika Ühendriikide kodusõda jõudis haripunkti kui 16. President, Araham Lincoln, kuulutas välja paastu-ja palvepäeva 30. aprillil, 1863.

„Tänapäeva hirmsad õnnetused võivad olla karistuseks meie isade pattude eest. Me olime oma edu ja rikkuse üle liiga uhked. Me olime nii uhked, et me unustasime palvetada meid loonud Jumala poole. Me peame tunnistama oma riigi patud ja paluma alandliku meelega Jumala halastust ja armu. See on Ameerika Ühendriikide kodanike kohus."

Tähtsa juhi soovituse kohaselt ei söönud paljud ameeriklased ühe päeva jooksul ja paastusid ning palvetasid.

Lincoln palus alandlikult Jumalat ja päästis Ameerika Ühendriigid lagunemisest. Tegelikult on Jumalal kõigile probleemidele lahendus.

Paljud jutlustajad on sajandeid evangeeliumi kuulutanud, aga paljud ei kuula Jumala Sõna ja ütlevad, et nad usuvad pigem iseendid.

Tänapäeval esineb kogu maailmas ebatavalisi temperatuurimuudatusi ja loodusõnnetusi. Ka praeguse meditsiini arengutaseme juures leidub uusi, ravile allumatuid ja üha ohtlikumaid haigusi.

Inimesed on enesekindlad. Nad võivad Jumalast eemalduda, aga kui nende ellu süüvida, tuleb mainida, et seal on muret, valu, vaesust ja haigust.

Inimene võib ainsa päevaga oma tervise kaotada. Mõned inimesed kaotavad õnnetuse tõttu kallid pereliikmed või kogu oma vara. Teistel on ettevõtmistes ja tööl raskusi.

Nad võivad nutta: „Miks need asjad minuga juhtuvad?" Aga nad ei oska neist asjust pääseda. Paljud usklikud on katsumustes ja läbikatsutavad ja ei tea, kuidas sellest pääseda.

Kuid kõik juhtub põhjusega. Ka kõigil probleemidel ja raskustel on põhjused.

Egiptust tabanud kümme nuhtlust ja 2. Moosese raamatusse kirja pandud paasapüha pidamise reeglid tõendavad, et igasugustele probleemidele, mis inimkonna ees tänapäeval maa peal ka ei seisaks, leidub lahendus.

Egiptus tähistab vaimselt maailma ja Egiptust tabanud kümne nuhtluse õppetund kehtib ka igaühele, kes tänapäeval maailmas elab. Aga paljud inimesed ei saa aru kümnes nuhtluses sisalduvast Jumala tahtest.

Kuna Piiblis tegelikult isegi ei öelda, kas nuhtlusi oli vaid kümme, arvavad mõned, et neid võis olla üksteist või isegi kaksteist.

Esimese arvamusega kaasneb Aaroni kepi maoks muutumise juhtum. Aga mao nägemine ei tekita tegelikult kahju, seega on seda raske nuhtluseks pidada.

Aga kuna kõrbes oleval maol on väga tugev mürk ja see võib ainsa hammustusega inimese tappa, võib juba üksnes mao nägemine inimest ohustatult tundma panna. Sellepärast lisavad mõned inimesed ka selle egiptlasi tabanud nuhtluste hulka.

Viimase arvamuse hulka kuulub saua maoks muutumine ja ka egiptuse sõjameeste surm Punases meres. Kuna Iisraeli rahvas ei olnud sel hetkel veel Punast merd läbinud, arvestasid nad ka selle sündmusega ja nii võib öelda, et oli kaksteist nuhtlust. Kuid tähtis pole nuhtluste arv, vaid neis peituv vaimne tähendus ja Jumala ettehoole.

Selles raamatus kujutatakse kõrvutamiseks Jumalale sõnakuulmatu vaarao elu ja Moosese sõnakuulelikku elu. Siin räägitakse ka paasapüha pühitsemise, ümberlõikamise seaduse ja hapnemata leibade pühade tähenduse kaudu oma piiramatust kaastundest meile pääsemise tee teada andnud Jumala armastusest.

Vaarao tunnistas Jumala väge, aga oli Talle ikkagi sõnakuulmatu ja sattus pöördumatusse olukorda. Aga Iisraeli lapsed olid igasuguste õnnetuste eest kaitstud, kuna nad olid kuulekad.

Jumal räägib meile kümnest nuhtlusest, et me saaksime aru, miks katsumused ja läbikatsumised meid tabavad ja saaksime lahendada kõik eluprobleemid ja elada õnnetustevaba elu. Pealegi tahab Jumal meile kuuletumise kaudu osaks saavatest õnnistustest rääkides, et me omandaksime Tema lastena taevariigi.

Selle raamatu lugejad leiavad eluprobleemide lahenduseks vajalikud võtmed. Nad tunnevad, kuidas nende vaim karastub, otsekui nad oleksid pärast pikka põuaaega meeldivat vihma maitsta saanud ja neid juhitakse vastuste ja õnnistuste teele.

Ma tänan toimetusbüroo juhatajat Geumsun Vini ja kõiki töötajaid, kes on selle raamatu avaldamise võimalikuks teinud. Ma palun Isanda Jeesuse nimel, et kõik lugejad elaksid sõnakuulelikku elu ja saaksid Jumala hämmastava armastuse ja õnnistuste osaliseks.

2007, juuli

Jaerock Lee

Sisukord

Sissejuhatus

Sõnakuulmatust elust · 1

1. peatükk
Kümme Egiptust tabanud nuhtlust · 3

2. peatükk
Sõnakuulmatu elu ja nuhtlused · 17

3. peatükk
Vere, konnade ja sääskede nuhtlused · 29

4. peatükk
Parmude, katku ja paisete nuhtlused · 45

5. peatükk
Rahe ja rohutirtsude nuhtlused · 61

6. peatükk
Pimeduse ja esmasündinu surma nuhtlused · 73

Sõnakuulelikust elust · 85

7. peatükk
Paasapüha ja pääsemise tee · **87**

8. peatükk
Ümberlõikamine ja armulaud · **101**

9. peatükk
Väljaränne ja hapnemata leibade püha · **117**

10. peatükk
Sõnakuulelik elu ja õnnistused · **129**

Sõnakuulmatust elust

Aga kui sa ei kuula
Isanda, oma Jumala häält,
ei pea hoolsasti kõiki Tema käske ja seadlusi,
mis ma täna sulle annan,
siis tulevad su peale kõik need needused
ja tabavad sind.
„Neetud oled sa linnas ja neetud oled sa väljal.
Neetud on su korv ja su leivaküna.
Neetud on su ihuvili ja su maapinna saak,
su veiste vasikad
ning su lammaste ja kitsede talled.
Neetud oled sa tulles ja
neetud oled sa minnes
(5. Moosese raamat 28:15-19).

1. peatükk

Kümme Egiptust tabanud nuhtlust

2. Moosese raamat 7:1-7

Ja Isand ütles Moosesele: „Vaata, ma panen sind vaaraole jumalaks ja su vend Aaron olgu sulle prohvetiks. Sina räägi kõik, mida ma sind käsin, ja su vend Aaron rääkigu vaaraole, et ta laseks Iisraeli lapsed oma maalt ära minna. Aga mina teen kõvaks vaarao südame ja teen palju imetegusid ja tunnustähti Egiptusemaal. Vaarao ei kuula teid, aga mina panen oma käe Egiptuse vastu ja viin oma väehulgad, oma rahva, Iisraeli lapsed Egiptusemaalt välja suurte nuhtluste abil. Ja Egiptus peab tundma, et mina olen Isand, kui ma sirutan oma käe Egiptuse kohale ja viin Iisraeli lapsed nende keskelt välja!" Ja Mooses ja Aaron tegid nõnda; nagu Isand neid oli käskinud, nõnda nad tegid. Mooses oli kaheksakümmend aastat vana ja Aaron oli kaheksakümmend kolm aastat vana, kui nad vaaraoga rääkisid.

Igaühel on õigus olla õnnelik, aga paljud inimesed ei tunne end tegelikult õnnelikult. Eriti tänapäeva maailmas, mis on niivõrd täis eriliiki õnnetusi, haigusi ja kuritegusid, on raske kellegi õnne tagada.

Aga on olemas keegi, kes tahab rohkem kui keegi teine, et me kogeksime õnne. See on Isa Jumal, kes lõi meid. Enamiku lapsevanemate südames on soov anda oma laste õnne heaks kõik, tingimusi esitamata. Meie Jumal armastab meid palju rohkem kui vanemad ja Ta tahab meid õnnistada palju rohkem kui ükskõik missugune lapsevanem.

Kuidas võiks see Jumal eales tahta, et tema lapsed kannataksid piina tõttu või kogeksid õnnetusi? Miski pole tõest kaugem.

Kui me suudame mõista Egiptust tabanud kümne nuhtluse vaimset tähendust ja Jumala ettehoolet, mõistame me, et ka selles peitus Tema armastus. Pealegi võime me aru saada, kuidas õnnetusi vältida. Aga õnnetustest hoolimata võime me leida ja näha väljapääsuteed ja jätkata õnnistuste teed mööda minekut.

Rasketes oludes ei uskunud paljud Teda, aga nad kurtsid ikkagi Jumala üle. Ka usklike seas on inimesi, kes ei mõista raskustesse sattudes Jumala südant. Nad lihtsalt lähevad araks ja sattuvad masendusse.

Iiob oli idamaade rikkaim mees. Aga kui teda tabasid õnnetused, ei saanud ta esialgu Jumala tahtest aru. Ta rääkis, otsekui ta oleks oodanud, et temaga juhtunu oleks teda tabanud. See on kirjas Iiob 2:10. Ta ütles, et sest ajast kui Jumal teda õnnistas, võis Ta tema ellu ka kurja tuua. Aga ta eksis, arvates et Jumal toob õnnistused või needused aluse või põhjuseta.

Jumal ei taha oma südames meile kunagi õnnetust, vaid rahu. Enne kui me vaatleme kümmet Egiptust tabanud nuhtlust, mõtleme selle aja olukorrast ja tingimustest.

Iisraellaste ettevalmistamine

Iisrael on Jumala valitud rahvas. Nende ajaloost võib näha väga selgelt Jumala ettehoolet ja tahet. Iisrael oli Aabrahami lapselapsele Jaakobile antud nimi. Iisrael tähendab *„sa oled võidelnud Jumala ja inimestega ja oled võitnud"* (1. Moosese raamat 32:28).

Aabrahamile sündis Iisak ja Iisakile sündisid kaksikud – Eesav ja Jaakob. See oli ebaharilik, et teisena sündinud poeg Jaakob hoidis sündides oma venna Eesavi kannast kinni. Jaakob tahtis oma vanema venna Eesavi asemel esmasündinu õigust.

Sellepärast ostis Jaakob hiljem Eesavilt leiva ja läätseleeme eest sünniõiguse. Ta pettis ka oma isa Iisakit ja võttis Eesavilt esmasündinud poja õnnistused.

Tänapäeval on inimeste mõtlemine palju muutunud ja inimesed ei jäta pärandit mitte üksnes poegadele, vaid ka tütardele. Aga minevikus sai esimesena sündinud poeg tavaliselt kogu isade päranduse. Esimesena sündinud poja pärand oli ka Iisraelis suur.

Piiblis öeldakse, et Jaakob võttis esimese poja õnnistused pettusega, aga tegelikult ta igatses tõesti Jumala õnnistusi. Ta pidi enne tegelikult õnnistatud saamist paljudest raskustest läbi minema. Ta pidi venna eest põgenema. Ta teenis oma onu, Laabanit, kakskümmend aastat ja sel ajal kui ta onu teenis, pettis ja tüssas viimane teda pidevalt.

Kui Jaakob naasis kodulinna, oli ta eluohtlikus olukorras, sest vend oli ta peale ikka vihane. Jaakob pidi neist raskustest läbi tulema, sest tal oli riukalik loomus, mis otsis oma eelist või omakasu.

Aga kuna ta oli teistest jumalakartlikum, lasi ta oma egol ja „minaolemusel" neis katsumustes hävineda. Seetõttu sai ta lõpuks Jumala õnnistuse ja tema kaheteistkümnest pojast moodustus Iisraeli rahvas.

Väljarände taust ja Moosese ilmumine

Miks Iisraeli rahvas elas Egiptuses orjana?

Iisraeli isa Jaakob soosis oma üheteistkümnendat poega Joosepit. Joosep sündis Jaakobi armsaimale naisele Raahelile. See vallandas Joosepi poolvendade viha ja lõpuks müüsid vennad Joosepi Egiptusesse orjaks.

Joosep oli jumalakartlik ja tegutses ausameelselt. Ta tegi kõike

Jumalaga ja kolmteist aastat pärast tema Egiptusesse müümist sai ta vaarao järel kogu Egiptusemaa valitsejaks.

Lähis-Idas oli väga suur põud ja Joosepi heakskiiduga kolisid Jaakob ja ta pere Egiptusesse. Kuna Egiptus pääses suurest põuast Joosepi tarkuse kaudu, kohtlesid vaarao ja egiptlased tema peret erakordselt hästi ja andsid neile Gooseni maakonna.

Palju sugupõlvi hiljem muutusid iisraellased arvukaks. Egiptlased tundsid end ohustatult. Kuna Joosepi surmast oli sadu aastaid möödunud, olid nad Joosepile antud armu juba unustanud.

Lõpuks hakkasid egiptlased iisraellasi taga kiusama ja tegid neist oma orjad. Iisraellased sunniti karmi sunnitööd tegema.

Sealjuures käskis vaarao iisraellaste juurdekasvu peatamiseks heebrea ämmaemandatel kõik vastsündinud poisslapsed tappa.

Sel pimedal ajal sündis väljarände juht Mooses.

Ta ema nägi, et ta oli ilus ja peitis teda kolm kuud. Siis saabus aeg, mil ta ei saanud teda enam peita ja ta pani lapse punutud korvi ning asetas selle kõrkjatesse Niiluse jõekallastel.

Just sel ajal tuli Egiptuse vaarao tütar Niilusesse kümblema. Ta nägi korvi ja tahtis sealt last võtta ja enesele hoida. Moosese õde vaatas juhtunut pealt ja soovitas vaarao tütrele kiiresti ammeks Jookabadi, kes oli Moosese pärisema. Niimoodi kasvatas Moosese ema ta üles.

Loomulikult sai ta teada Aabrahami, Iisaki ja Jaakobi Jumalast ja iisraellastest.

Vaarao palees kasvades kogus Mooses eriliiki teadmisi, mis valmistasid teda juhiks ja varustasid teda selleks vajalikuga. Samal ajal sai ta selgelt teada oma rahva ja Jumala kohta. Samuti kasvas ka tema armastus Jumala ja ta rahva vastu. Jumal valis Moosese väljarände juhiks ja ta õppis sünnist saadik juhirolli ja juhtimist ja kasutas seda oma elus.

Mooses ja vaarao

Ühel päeval Moosese elu pöördus. Ta tundis alati oma rahva, heebrealaste, pärast muret ja ta muretses nende sunnitöö ja orjapõlve kannatuste tõttu. Ühel päeval nägi ta, kuidas egiptlane peksis heebrea meest. Ta ei suutnud oma viha vaos hoida ja tappis egiptlase. Lõpuks sai vaarao sellest teada ja Mooses pidi tema eest põgenema.

Mooses pidi järgmised nelikümmend aastat karjasena kõrbes veetma, karjatsedes Midjanis lambaid. Kõik see juhtus Jumala ettehoolde raames, kuna Jumal valmistas teda väljarände juhiks. Neljakümne aasta jooksul kui ta karjatses oma äia lambaid kõrbes, unustas ta täiesti oma Egiptuse valitseja väärikuse ja muutus väga alandlikuks.

Jumal kutsus alles pärast kõike seda Moosese väljarännet juhtima.

Kuid Mooses ütles Jumalale: „Kes olen mina, et võiksin minna vaarao juurde ja viia Iisraeli lapsed Egiptusest välja?" (2. Moosese raamat 3:11).

Kuna Mooses karjatses nelikümmend aastat vaid lambaid, puudus tal enesekindlus. Jumal teadis samuti, kuidas ta süda tundis ja näitas talle palju tunnustähti nagu näiteks tehes tema saua maoks, et lasta tal vaarao ette minna ja viimasele Jumala käsk edastada.

Mooses alandus täiesti ja suutis Jumala käsku täita. Aga erinevalt Moosesest oli vaarao väga isepäine ja paadunud südamega inimene.

Paadunud südamega inimene ei muutu ka siis kui ta näeb palju Jumala tegusid. Jeesus rääkis Matteuse 13:18-23 hästituntud tähendamissõna, kus paadunud süda ühtib nelja pinnase taustal „tee kõrval oleva maaga." Tee kõrval olev maapind on väga kõva, kuna inimesed käivad selle peal. Niisuguse südamega inimesed ei muutu ka Jumala tegusid nähes mingil moel.

Sel ajal oli egiptlastel väga tugev ja vapper iseloom, mis sarnanes lõvide omale. Nende valitsejal, vaaraol, oli täielik võim ja ta pidas end jumalaks. Inimesed teenisidki teda otsekui jumalat.

Mooses rääkis Jumalast inimestele, kellel oli niisugune kultuuriline arusaam. Nad ei teadnud midagi Jumalast, kellest Mooses rääkis ja kes käskis vaaraot iisraellastel minna lasta. Neil oli ilmselgelt raske Moosest kuulata.

Iisraellaste töö oli neile väga kasulik, seetõttu oli neil veelgi raskem kuuldut tõe pähe võtta.

Tänapäevalgi leidub inimesi, kes peavad parimaks vaid oma teadmisi, kuulsust, võimu või rikkust. Nad taotlevad üksnes omakasu ja usaldavad vaid oma võimeid. Nad on uhked ja kõva südamega.

Vaarao ja egiptlaste südamed olid kõvad. Seega nad ei kuuletunud Jumala tahtele, millest Mooses neile rääkis. Nad olid lõpuni sõnakuulmatud ja lõpuks nad surid.

Muidugi ei lubanud Jumal alguses suuri nuhtlusi, olgugi et vaarao süda oli kõva.

Nii nagu öeldakse: *"Armuline ja halastaja on Isand, pika meelega ja suur helduselt"* (Laul 145:8), näitas Jumal Moosese kaudu egiptlastele mitmel korral oma väge. Jumal tahtis, et nad oleksid Teda tunnustanud ja Talle kuuletunud. Aga vaarao paadutas oma südant veelgi rohkem.

Jumal, kes näeb igaühe südant ja mõtteid, rääkis Moosesega ja lasi tal teada kõike, mida Ta teha kavatses.

Aga mina teen kõvaks vaarao südame ja teen palju imetegusid ja tunnustähti Egiptusemaal. Vaarao ei kuula teid, aga mina panen oma käe Egiptuse vastu ja viin oma väehulgad, oma rahva, Iisraeli lapsed Egiptusemaalt välja suurte nuhtluste abil. Ja Egiptus peab tundma, et mina olen Isand, kui ma sirutan oma käe Egiptuse kohale ja viin Iisraeli lapsed nende keskelt välja! (2. Moosese raamat 7:3-5).

Vaarao kõva süda ja kümme nuhtlust

Kogu väljarände käigus võib täheldada paljudel kordadel väljendit *"Isand tegi vaarao südame kõvaks"* (2. Moosese raamat 7:3).

Sõna-sõnalt tähendab see, et Jumal otsustas vaarao südame kõvaks teha ja seda võib valesti mõista, otsekui Jumal oleks diktaator. See ei vasta tõele.

Jumal tahab, et igaüks saaks päästetud (1. Timoteosele 2:4). Ta tahab, et isegi kõige kõvema südamega inimene mõistaks tõde ja pääseks.

Jumal on armastuse Jumal; Ta ei otsustaks oma au ilmutamiseks kunagi vaarao südant paadutada. Samuti võime me mõista sellest, et Jumal saatis Moosese korduvalt vaarao juurde, et Jumal tahtis, et vaarao ja kõik teised oleksid oma südant muutnud ja Talle kuuletunud.

Jumal teeb kõik korrapäraselt, armastusega ja seaduspäraselt, järgides Piiblisse kirjapandut.

Kui me teeme kurja ja ei kuuletu Jumalale, süüdistab vaenlane kurat meid. Sellepärast on meie elus katsumused ja läbikatsumised. Need, kes kuuletuvad Jumala Sõnale ja elavad õiglaselt, on õnnistatud.

Inimesed otsustavad oma vaba tahtega, mida nad teevad. Jumal ei määra ära seda, kes saab õnnistatud ja kes mitte. Kui Jumal ei oleks olnud armastuse ja õiguse Jumal, oleks Ta vaarao allutamiseks Egiptusele otsekohe suure nuhtluse peale pannud. Jumal ei taha hirmust tingitud „sunnitud sõnakuulelikkust." Ta tahab, et inimesed avaksid oma südame ja kuuletuksid Talle vabast tahtest.

Esiteks laseb Ta meil teada, mis on Tema tahe ja ilmutab oma väge, et me võiksime kuuletuda. Aga kui me ei kuuletu, hakkab ta meie ellu lubama väikeseid õnnetusi, et me taipaksime ja laseb meil endist aru saada.

Kõigeväeline Jumal teab, mis on inimsüdames; Ta teab, millal kurjus paljastub ja kuidas me kurjast vabaks saada võime ning kuidas me oma probleemidele lahendused saame.

Ka tänapäeval juhib Ta meid parimal kombel ja laseb meil vihjamisi mõista, missugune on parim Jumala pühaks lapseks saamise viis.

Aeg-ajalt lubab Ta me ellu katsumusi ja läbikatsumisi, mida me võita võime. See aitab meil leida meis olevat kurjust ja sellest vabaneda. Kui meie hinge lugu on hea, laseb Ta meil kõiges edeneda ja annab meile hea tervise.

Aga kui vaarao paljastati, ei saanud ta oma kurjusest lahti. Ta paadutas oma südame ja ei kuuletunud ka edaspidi Jumala Sõnale. Kuna Jumal tundis vaarao südant, lasi ta vaarao paadunud südamel nuhtluste teel ilmsiks saada. Sellepärast öeldakse Piiblis, et „Isand tegi vaarao südame kõvaks."

„Kõva süda" tähendab tavaliselt, et inimesel on pirtsakas ja jonnakas iseloom. Aga vaarao süda, millest Piiblis räägitakse, ei tähenda vaid Jumala Sõnale kurjuse tõttu mitte kuuletumist, vaid ka Jumala vastu seismist.

Nii nagu varem mainitud, elas vaarao väga enesekeskselt ja pidas end isegi jumala taoliseks. Kõik inimesed kuuletusid talle ja tal ei olnud midagi karta. Kui tal oleks olnud hea süda, oleks ta Moosese kaudu ilmsiks saanud väetegusid nähes Jumalat uskunud, isegi kui ta Temast varem kuulnud polnud.

Näiteks Paabeli Nebukadnetsar, kes elas aastatel 605-562 e.m.a., ei tundnud Jumalat, aga kui ta nägi Taanieli kolme sõbra – Sadraki, Meesaki ja Abednego läbi ilmsiks saanud Jumala väge, tunnistas ta Jumala olemasolu.

> *Nebukadnetsar kostis ja ütles: „Kiidetud olgu Sadraki, Meesaki ja Abednego Jumal, kes läkitas oma ingli ja päästis oma sulased, kes lootsid Tema peale ja astusid üle kuninga käsust. Nad andsid pigem ära oma ihu, kui et teenida ja kummardada mõnda muud jumalat peale nende oma Jumala! Nüüd antakse minu poolt käsk, et igaüks, olgu mis tahes rahvast, suguvõsast ja keelest, kes kõneleb häbematult Sadraki, Meesaki ja Abednego Jumala kohta, raiutakse tükkideks ja tema koda tehakse rusuks, sest ei ole muud jumalat, kes suudaks nõnda päästa!"*

(Taaniel 3:28-29).

Sadrak, Meesak ja Abednego viidi noorena paganate maale vangi. Aga Jumala käskudest kinni pidamiseks nad ei kummardanud ebajumalakuju. Nad visati tulisesse ahju. Aga nad ei saanud kahju ja ükski juuksekarv nende peas ei kärsanud ära. Kui Nebukadnetsar seda nägi, tunnistas ta otsekohe elava Jumala olemasolu.

Ta ei tunnistanud inimvõimeid ületavat Jumala tööd nähes üksnes Jumala olemasolu, vaid ta andis ka kogu oma rahva nähes Jumalale au.

Aga vaarao ei tunnistanud Jumalat ka pärast Tema väetegude nägemist. Ta paadutas oma südant veelgi rohkem. Ainult pärast seda kui teda tabas ühe või kahe asemel kümme nuhtlust, lasi ta iisraellastel minna.

Aga kuna ta paadunud süda ei muutunud tegelikult ikkagi, kahetses ta iisraellaste minnalaskmist. Ta ajas neid oma sõjaväega taga ja lõpus ta suri oma sõjaväega Punases meres.

Iisraellased olid Jumala kaitse all

Kui kogu Egiptusemaad tabasid nuhtlused ja olgugi et iisraellased olid samal Egiptusemaal, ei tabanud neid ükski nuhtlus, kuna Jumal kaitses eriliselt Goosenimaad, kus iisraellased elasid.

Kui Jumal kaitseb meid, võime me turvaliselt olla isegi suurte õnnetuste ja piinade ajal. Isegi kui me haigestume või meie elus on raskused, võime me Jumala väe abil terveneda ja raskused võita.

Iisraellasi ei kaitstud nende usu ega õigsuse tõttu. Jumal kaitses neid, kuna nad olid Tema valitud rahvas. Erinevalt egiptlastest otsisid nad kannatustes Jumala palet ja kuna nad tunnistasid Teda, võisid nad Tema kaitse all elada.

Samamoodi, isegi kui meis on siiski mingil moel kurjust, võime meiegi olla uskmatuid tabavate õnnetuste eest kaitstud vaid seetõttu, et me oleme Jumala lapsed.

Me võime Jumala kaitse all elada, sest me oleme oma patud Jeesuse Kristuse vere läbi andeks saanud ja meist on saanud jumalalapsed; seega me ei ole enam meie ellu katsumusi ja õnnetusi toova kuradi lapsed.

Lisaks, kui meie usk kasvab, hakkame me hingamispäeva pühitsema, vabaneme kurjast ja kuuletume Jumala Sõnale ning saame seega Jumala armastuse ja õnnistuste osaliseks.

> *Ja nüüd, Iisrael, mida nõuab Isand, su Jumal, sinult muud, kui et sa kardaksid Isandat, oma Jumalat, käiksid kõigil Tema teedel ja armastaksid Teda, ja et sa teeniksid Isandat, oma Jumalat, kõigest oma südamest ja kõigest oma hingest, et sa peaksid Isanda käske ja seadusi, mis ma täna sulle annan, et su käsi hästi käiks?* (5. Moosese raamat 10:12-13).

2. peatükk

Sõnakuulmatu elu ja nuhtlused

2. Moosese raamat 7:8-13

Ja Isand rääkis Moosese ja Aaroniga, öeldes: „Kui vaarao räägib teiega ja ütleb: Tehke mõni tunnustäht!, siis ütle Aaronile: Võta oma kepp ja viska vaarao ette, siis see muutub maoks!" Siis Mooses ja Aaron läksid vaarao juurde ja tegid nõnda, nagu Isand oli käskinud. Aaron viskas oma kepi vaarao ja ta sulaste ette ja see muutus maoks. Aga vaaraogi kutsus targad ja nõiad ja Egiptuse võlurid tegid oma salakunstidega ka sedasama: igaüks neist viskas oma kepi maha ja need muutusid madudeks; aga Aaroni kepp neelas nende kepid ära. Ja vaarao süda jäi kõvaks ja ta ei kuulanud neid – nagu Isand oli öelnud.

Karl Marx hülgas Jumala. Ta rajas materialismi baasilt kommunismi. Tema teooria viis arvukate inimeste Jumalast pöördumiseni. Kogu maailm näis peagi kommunismi aktsepteerivat. Aga kommunism varises saja aastaga kokku.

Nii nagu kommunism varises kokku, kannatas ka Marx isiklikus elus teatud asjade tõttu, ta oli vaimselt ebastabiilne ja ta lapsed surid varases eas.

Friedrich W. Nietzsche, kes ütles, et Jumal oli surnud, mõjutas paljusid, kes võtsid Jumala vastase seisukoha. Aga vasti ajas hirm ta hulluks ja ta elu lõppes traagiliselt.

Siit näeb, et neid, kes lähevad Jumala vastu ja on Talle sõnakuulmatud, tabavad nuhtluste laadsed raskused ja nende elu on väga armetu.

Nuhtluste, katsumuste, läbikatsumiste ja viletsuste vahelised erinevused

Hoolimata sellest, kas tegu on usklikega või mitte, esineb igaühe elus mingi probleem, kuna meie elu kulgeb Jumala tõeliste laste saamiseks inimese kasvatamise ettehoolde raames.

Jumal andis meile üksnes häid asju. Aga alates ajast, mil patt tuli Aadama patu kaudu inimestese, on maailm vaenlase kuradi ja saatana valitsuse all olnud. Sellest ajast peale tabasid inimesi erinevad raskused ja mured.

Inimesed hakkasid pattu tegema vihkamise, viha, ahnuse, kõrkuse ja abielurikkuja meele tõttu. Vastavalt patu raskusastmele tabasid neid igasugused vaenlase kuradi ja saatana toodud läbikatsumised ja katsumused.

Väga rasketesse oludesse sattudes ütlevad inimesed, et tegu on õnnetusega. Samuti, kui usklike elus on rasked hetked, kasutavad nad sageli sõnu „läbikatsumine", „viletsus" või „katsumus."

Piiblis öeldakse ka: *„Aga mitte ainult sellest, vaid me kiitleme ka viletsusest, teades, et viletsus toob kannatlikkuse, kannatlikkus läbikatsutuse, läbikatsutus lootuse"* (Roomlastele 5:3-4).

Vastavalt sellele, kas inimene elab tõe sees või mitte ja vastavalt iga inimese usumõõdule, võib neid kutsuda õnnetusteks või nuhtlusteks, läbikatsumisteks või katsumusteks.

Kui näiteks inimesel on usku, aga ta ei tegutse kogu aeg kuuldud Sõna kohaselt, ei saa Jumal teda paljude raskuste eest kaitsta. Seda võib kutsuda „viletsuseks." Pealegi kui ta jätab usu ja tegutseb vääralt, tabavad teda nuhtlused või õnnetused.

Samuti oletame, et keegi kuulab Sõna ja püüab seda ellu rakendada, aga ei ela hetkel täiesti Sõna kohaselt. Siis ta võitleb oma patuste soovide vastu. Kui inimese elu on palju raskusi, mis panevad ta patu vastu verevalamiseni võitlema, öeldakse Piiblis, et ta elus on katsumused või teda kutsutakse korrale. Paljusid tema elus esinevaid raskusi kutsutakse nimelt „katsumusteks."

Samuti on „läbikatsumine" meetod, mille abil kontrollitakse, kui palju kellegi usk on kasvanud. Seega esinevad Sõna alusel elada püüdvate inimeste elus katsumused ja läbikatsumised. Kui keegi eksib tõest ära ja ajab Jumala raevu, tabab teda „viletsus" või „nuhtlus."

Nuhtluste põhjused

Kui inimene teeb tahtlikult pattu, peab Jumal temalt oma palge pöörama. Siis saavad vaenlane kurat ja saatan tema ellu nuhtlusi tuua. Nuhtlused tabavad inimest Jumala Sõnale mitte kuuletumise määraga võrdeliselt.

Kui inimene ei pöördu, vaid teeb ka nuhtluste kiuste edasi pattu, tabavad teda suuremad nuhtlused nagu Egiptuse kümne nuhtluse korral. Aga kui ta parandab meelt ja naaseb, lõpevad nuhtlused peagi Jumala halastuse tõttu.

Inimeludes on nuhtlused inimeste kurjuse tõttu, aga me leiame, et kannatajate seas on kahte tüüpi inimesi.

Ühed tulevad Jumala juurde, püüdes meelt parandada ja nuhtluste läbi pöörduda. Teisalt, teised kurdavad ikkagi Jumalale ja ütlevad: „Ma olen usinalt koguduses käiud, palvetan ja annan ohvriandi, miks siis ma peaksin niisuguse nuhtluse tõttu kannatama?"

Tagajärjed on täiesti erinevad. Esimesel juhul võetakse nuhtlus ära ja Jumala halastus tuleb inimese üle. Aga teisel juhul ei saa inimesed isegi probleemi olemasolust aru, seega neid tabavad veelgi suuremad nuhtlused.

Sel määral kui palju inimese südames on kurja, on tal raske oma eksimust ära tunda ja pöörduda. Taolise inimese süda on väga kõva ka pärast evangeeliumi kuulmist. Isegi usule tulles ei suuda ta Jumala Sõnast aru saada; ta käib lihtsalt koguduses, ent ei muutu.

Seega, kui te kannatate nuhtluse tõttu, peaksite te aru saama, et teie elus oli midagi, mis polnud Jumala arvates kohane ja kiiresti sellest pöörduma ja nuhtlusest pääsema.

Jumala antud võimalused

Vaarao ei võtnud Moosese kaudu edastatud Jumala Sõna vastu. Ta ei pöördunud väiksemate nuhtluste ajal, seega teda pidid tabama suuremad nuhtlused. Kui ta ikkagi tegi edasi kurja ja ei kuuletunud Jumalale, muutus kogu tema maa liiga nõrgaks ning ei suutnud enam taastuda. Lõpuks suri ta traagiliselt. Ta oli väga rumal!

Ja seejärel Mooses ja Aaron tulid ning ütlesid vaaraole: „Nõnda ütleb Isand, Iisraeli Jumal: Lase mu rahvas minna, et nad kõrbes peaksid mulle püha!"
(2. Moosese raamat 5:1).

Kui Mooses ütles vaaraole, et ta saadaks Jumala Sõna kohaselt iisraellased maalt välja, keeldus viimane otsekohe.

Aga vaarao vastas: „Kes on Isand, et peaksin kuulama Ta sõna ja laskma Iisraeli ära minna? Mina ei tunne Isandat ega lase ka Iisraeli ära minna!" (2. Moosese raamat 5:2).

Siis nad ütlesid: "Heebrealaste Jumal tuli meile vastu. Lase meid minna kolme päeva tee kõrbesse ja ohverdada Isandale, meie Jumalale, et Tema meid ei tabaks katku või mõõgaga!" (2. Moosese raamat 5:3).

Kui vaarao kuulis Moosese ja Aaroni sõnu, süüdistas ta arutult Iisraeli rahvast ja ütles, et nad olid laisad ja ei mõtelnud töötegemisele. Ta kiusas neid taga ja pani nad veel rohkem julma sunnitööd tegema. Iisraeli rahvale anti varem telliste valmistamiseks õlgi, aga nüüd pidid nad tegema samapalju telliseid ilma õlgedeta. Iisraellastel ei olnud lihtne isegi õlgedega vajalikus koguses telliseid teha, aga nüüd ei andnud vaarao neile ka enam õlgi. See näitab kui kõva oli vaarao süda.

Kui iisraellaste sunnitöö muutus raskemaks, hakkasid nad Moosese üle kaebama. Aga Jumal saatis Moosese taas vaarao juurde, et näidata talle tunnustähti. Jumal andis Jumala Sõnale mitte kuuletunud vaaraole Jumala väge näidates meeleparanduse võimaluse.

Siis Mooses ja Aaron läksid vaarao juurde ja tegid nõnda, nagu Isand oli käskinud. Aaron viskas oma kepi vaarao ja ta sulaste ette ja see muutus maoks (2. Moosese raamat 7:10).

Jumal tegi Moosese kaudu sauast mao, et tunnistada Jumalat mitte tundnud vaaraole elavast Jumalast.

Vaimselt tähistab „madu" saatanat, miks siis Jumal tegi sauast mao?

Maa, mille peal Mooses seisis ja ka sau kuulusid sellesse maailma. See maailm kuulub vaenlasele kuradile ja saatanale. Jumal tegi selle sümboliks mao. See tähendas, et need, kes pole Jumala silmis õiged, aktsepteerivad alati saatana tegusid.

Vaarao oli Jumala vastu ja Jumal ei saanud teda seetõttu õnnistada. Sellepärast tõi Jumal esile saatanat kujutanud mao. See oli saatana tegude eeltähenduseks. Järgmised nuhtlused – vere, konnade ja sääskede nuhtlused – olid saatana tegude tulemus.

Seega muutus sau maoks tasandil, kus sündisid väikesed asjad, mida tundlik inimene tunda võis. Neid võis isegi kokkusattuvuseks pidada. Selle staadiumis ei sünni tegelikku kahju. See on Jumala antud meeleparanduse võimalus.

Vaarao toob egiptuse võlurid mängu

Kui vaarao nägi, kuidas Aaroni sauast sai madu, kutsus ta egiptuse targad ja võlurid.

Palees olid võlurid, kes tegid vaarao ees meelelahutuseks palju trikke. Nad läksid maagia abil ka ametnikeni. Samuti, kuna nad olid oma esivanemate pärijad, sündisid nad taolise temperamendiga.

Tänapäevalgi läbivad mõned silmamoondajad rahvahulkade nähes Suure Hiina müüri või kaotavad Vabadusesamba. Mõned inimesed on samuti kaua joogaga tegelenud ja suudavad seega oksarao peal magada või mitu päeva panges püsida. Mõned niisugused võlutrikid on lihtsalt silmamoondamise tulemus. Sellest hoolimata õpivad võlurid hämmastavaid asju tegema. Aga võlurid on vaarao ees esinemisest saadik sugupõlvede jooksul palju võimsamaks muutunud! Nad suutsid end kurjade vaimudega ühendusse viia.

Mõned Korea võlurid on deemonitega ühenduses ja tantsivad väga teravate rohulõikurite terade peal ja ei saa üldsegi haiget. Ka vaarao võlurid olid kurjade vaimudega ühenduses ja tegid palju hämmastavaid asju.

Egiptuse võlurid olid kaua aega harjutanud ja nad kasutasid illusioone ja võlukunsti ning viskasid saua maha ja sellest sai madu.

Need, kes ei tunnista elavat Jumalat

Kui Mooses viskas oma saua maha ja see muutus maoks, mõtles vaarao hetkeks, et Jumal oli olemas ja Iisraeli Jumal oli tõeline. Aga kui ta nägi võlurite tehtud madu, ta ei uskunud enam Jumalat.

Aaroni sauast tekkinud madu sõi võlurite maod ära, aga

vaarao pidas seda lihtsalt kokkusattumuseks.

Usus pole kokkusattumusi. Aga Isanda alles vastu võtnud vastpöördunu korral võivad paljud saatana teod tema Jumalasse uskumist häirida. Siis peavad paljud juhtunut kokkusattumuseks.

Samuti saavad hiljuti Isanda vastu võtnud usklikud oma probleemidele Jumala abiga lahendused. Esialgu nad tunnustavad Jumala väge, aga aja jooksul peavad nad seda lihtsalt kokkusattumuseks.

Nii nagu vaarao tunnistas, et saua maoks muutumine oli Jumala tegu, aga ei tunnustanud Jumalat, on palju inimesi, kes ei tunnista elavat Jumalat, aga peavad isegi Jumala tegusid nähes kõike kokkusattumuseks.

Mõned usuvad Jumalat täielikult pärast ühekordset Jumala töö tunnistamist. Aga teised tunnustavad alguses Jumalat, ent siis nad arvavad, et probleemide lahendused tulevad nende võimekuse, tarkuse, kogemuste või lähedaste abiga ja peavad Jumala tegusid kokkusattumuseks.

Seega jääb Jumalal üle üksnes oma pale nende pealt pöörata. Seega võib nende kunagi lahenduse leidnud probleem taas esineda.

Kui inimene tervenes mingist haigusest, võib see taas tekkida või isegi tõsisemaks muutuda. Töise probleemi puhul võivad tekkida endisest suuremad probleemid.

Kui me peame Jumala vastuseid lihtsalt kokkusattumuseks, viib see meid Jumalast kaugemale. Siis tekkib sama probleem taas või me võime sattuda veel raskematesse olukordadesse.

Samamoodi tabasid vaaraot ehtsad nuhtlused, kuna ta pidas Jumala tegusid lihtsalt kokkusattumuseks.

Ja vaarao süda jäi kõvaks ja ta ei kuulanud neid – nagu Isand oli öelnud (2. Moosese raamat 7:13).

3. peatükk

Vere, konnade ja sääskede nuhtlused

2. Moosese raamat 7:20-8:15

Ja Mooses ja Aaron tegid nõnda, nagu Isand oli käskinud. Ta tõstis kepi üles ning lõi Niiluse jõe vett vaarao ja ta sulaste silma ees, ja kõik vesi jões muutus vereks (7:20). Ja Isand ütles Moosesele: „Ütle Aaronile: Siruta oma käsi kepiga välja jõgede, kanalite ja tiikide kohale, ja lase tulla konni Egiptusemaale!" Ja Aaron sirutas oma käe Egiptuse vete kohale ning konnad ronisid üles ja katsid Egiptusemaa (8:1-2).

Siis Isand ütles Moosesele: „Ütle Aaronile: Siruta oma kepp välja ja löö maa põrmu, et sellest tuleks sääski kogu Egiptusemaale!" Ja nad tegid nõnda. Aaron sirutas oma käe kepiga välja ja lõi maa põrmu; siis tulid sääsed inimeste ja loomade kallale; kõik maa põrm muutus sääskedeks kogu Egiptusemaal (8:12-13).

Siis võlurid ütlesid vaaraole: „See on Jumala sõrm!" Aga vaarao süda jäi kõvaks ja ta ei kuulanud neid – nagu Isand oli öelnud (8:15).

Jumal ütles Moosesele, et vaarao teeb oma südame kõvaks ja ei lase iisraellastel minna ka pärast seda kui ta näeb saua maoks muutuvat. Siis rääkis Jumal Moosesele täpselt, mida ta tegema pidi.

Mine hommikul vaarao juurde, kui ta läheb vee äärde, ja astu temale vastu Niiluse jõe ääres. Võta kätte kepp, mis muutus maoks (2. Moosese raamat 7:15).

Mooses kohtus vaaraoga, kes läks Niiluse äärde ja edastas talle Jumala Sõna, hoides käes varem maoks muutunud saua.

Ja ütle temale [vaaraole]: Isand, heebrealaste Jumal, on mind läkitanud sinu juurde, et ma ütleksin: Lase mu rahvas minna ja mind kõrbes teenida! Aga vaata, sa ei ole siiani kuulda võtnud. Seepärast ütleb Isand nõnda: Sellest sa tunned, et mina olen Isand: vaata, ma löön kepiga, mis mul käes on, jõe vett, ja see muutub vereks. Kalad jões surevad ja jõgi hakkab haisema, nõnda et egiptlased jõest vett juures tunnevad tülgastust (2. Moosese raamat 7:16-18).

Vere nuhtlus

Vesi on meile kõige lähem ja otseselt eluga seotud.

Seitsekümmend protsenti inimese kehast koosneb veest; see on kõigi elavate asjade jaoks absoluutselt oluline.

Tänapäeval on maailma suurenevast elanikkonnast ja majandusarengust hoolimata paljudes maades veepuudus. ÜRO seadis seadusega sisse „Maailma veepäeva", et meenutada maadele vee tähtsust. See õhutab inimesi piiratud veeressursse tagajärjekalt kasutama.

Vana-Hiinas oli veekontrolli minister. Me võime vett lihtsalt kõikjal näha, aga vahel me ei näe kui suur on selle suhteline tähtsus meie elus.

Kui kogu maa vesi muutus vereks, oli tegu väga suure probleemiga! Vaarao ja egiptlased seisid sellise hämmastava asjaga silmitsi. Niiluse vesi muutus vereks.

Aga vaarao tegi oma südame kõvaks ja ei kuulanud Jumala Sõna, sest ta nägi ka, kuidas ta võlurid muutsid vee vereks.

Mooses näitas vaaraole elavat Jumalat, aga ta pidas seda lihtsalt kokkusattumuseks ja salgas seda. Seega tabas nuhtlus teda temas oleva kurjusega võrdväärselt.

Mooses ja Aaron tegid nii nagu Isand käskis. Mooses tõstis vaarao ja tema teenrite ees saua ja lõi Niiluse vett ning kogu Niiluse vesi muutus vereks.

Siis pidid egiptlased joogivee saamiseks Niiluse ümbert maad kaevama. See oli esimene nuhtlus.

Verenuhtluse vaimne tähendus

Mida nüüd tähendab verenuhtluses sisalduv vaimne tähendus?
Suurem osa Egiptusest on kõrb ja tühermaa. Seega tuli vaaraol ja ta rahval palju kannatada, kuna nende joogivesi muutus vereks.
Halvaks ei läinud vaid nende joogivesi ja igapäevaseks eluks vajalik vesi, vaid ka vees olevad kalad surid ja õhus oli halb lehk. See oli väga ebamugav.
Selles mõttes tähistab verenuhtlus vaimselt meie igapäevaeluga seotud asjadest tingitud kannatusi. Need on ärritavad ja valusad asjad, mis tulevad meie lähedastelt – pereliikmetelt, sõpradelt ja töökaaslastelt.
Meie kristlikku elu silmas pidades võib see nuhtlus sarnaneda tagakiusule või läbikatsumistele, mis lähtuvad meie lähedastelt sõpradelt, vanematelt, sugulastelt või ligimestelt. Muidugi võidavad suurema usumõõduga inimesed need olukorrad lihtsamalt, aga väiksema usuga inimesed kannatavad tagakiusu ja läbikatsumiste tõttu suurt valu.

Katsumused tabavad neid, kelles on kurjust

Läbikatsumised kuuluvad kahte kategooriasse.

Esiteks on läbikatsumised, mis tabavad meid kui me ei ela Jumala Sõna alusel. Kui me siis parandame kiiresti meelt ja pöördume, võtab Jumal läbikatsumise ära.

Jakoobuse 1:13-14 öeldakse: *„Ärgu kiusatav öelgu: „Jumal kiusab mind!" Sest Jumalat ei saa kiusata kurjaga, Tema ise ei kiusa kedagi. Pigem on nii, et igaüht kiusab ta enese himu, ahvatledes ja peibutades."*

Me sattume raskustesse, kuna meie soovid peibutavad meid ja me ei ela Jumala Sõna alusel ning seega toob vaenlane kurat meie ellu katsumused.

Teiseks, vahel me püüame olla oma kristlikus elus ustavad, aga sattume ikkagi katsumustesse. See on saatana häiriv tegevus, millega ta püüab meid usku hülgama panna.

Kui me siin kompromissile läheme, muutuvad raskused suuremaks ja me ei saa õnnistatud. Mõned inimesed kaotavad oma vähesegi usu ja naasevad maailma.

Igatahes sünnivad mõlemad juhtumid meie sees oleva kurjuse tõttu. Seega me peame usinalt leidma, mis kujul meie sees kurjus esineb ja sellest pöörduma. Me peame paluma usus ja tänama. Siis saame me katsumused võita.

Nii nagu Moosese madu neelas võlurite maod, on ka saatana maailm Jumala valitsuse all. Kui Jumal kutsus esiteks Moosest, tegi Ta tunnustähe ja muutis saua maoks ja tagasi (2. Moosese raamat 4:4). See sümboliseerib, et isegi kui meid tabab saatana tegude tõttu läbikatsumine, taastab Jumal kõik endiseks kui me näitame oma usku ja toetume täielikult Jumala peale.

Aga vastupidi, kui me läheme kompromissile, ei ole tegu

usuga ja me ei saa Jumala tegusid kogeda. Kui me elus on katsumus, peaksime me täielikult Jumalale toetuma ja nägema Jumala tööd, mis eemaldab katsumuse Tema väega. Jumal valitseb kõike. Seega – kui me usaldame igas väikeses või suures katsumuses täielikult Jumalat ja kuuletume Tema Sõnale, ei ole katsumus meie jaoks probleemiks. Jumal Ise lahendab probleemi ja teeb meid kõiges edukaks.

Aga tähtis on see, et kui tegu on väiksema nuhtlusega, taastume me lihtsalt, aga suurema nuhtluse korral ei ole kerge täielikult taastuda. Seega me peame alati end kontrollima tõesõna valgel, vabanema igasugusest kurjusest ja elama Jumala Sõna järgi, et meid ei tabaks mingisugused nuhtlused.

Usuinimeste läbikatsumised on nende õnnistamiseks

Vahel esinevad erakordsed juhtumid. Isegi suure usuga inimeste elus võib olla läbikatsumisi. Nii apostel Paulusel, Aabrahamil, Taanielil ja ta kolmel sõbral ning Jeremijal olid läbikatsumised. Kurat kiusas ka Jeesust kõrbes kolmel korral.

Samamoodi on usuinimesi tabavad läbikatsumised õnnistuste toomiseks. Kui inimesed rõõmustavad, tänavad ja usaldavad Jumalat täiesti, muutuvad läbikatsumised õnnistusteks ja nad võivad Jumalat austada.

Seega on võimalik, et usuinimeste elus on läbikatsumised, kuna nad võivad neid läbikatsumisi võites õnnistatud saada. Aga neid ei taba kunagi nuhtlused. Nuhtlused tabavad inimest, kes teeb Jumala arvates vigu ja eksib.

Näiteks apostel Paulust kiusati väga palju taga Isanda pärast, aga ta sai tagakiusu kaudu suurema väe ja etendas olulist osa Rooma keisririigis evangeeliumi kuulutamisel, olles paganate apostel.

Taaniel ei läinud kompromissile tema peale kadedate kurjade inimeste riukalike plaanidega. Ta ei lakanud palvetamast ja elas vaid õiglaselt. Lõpuks visati ta lõukoerte auku, aga ta ei saanud üldse viga. Ta austas Jumalat väga.

Jeremija leinas ja hoiatas inimesi pisarais, kui ta rahvas tegi Jumala silmis pattu. Selle eest teda peksti ja pandi vangi. Aga isegi sellises olukorras, kus Paabeli Nebukadnetsar vallutas Jeruusalemma ja väga paljud tapeti ja viidi vangi, Jeremija pääses ja kuningas kohtles teda hästi.

Aabraham läbis usu tõttu oma poja Iisaki ohverdamise läbikatsumise, misläbi teda hakati kutsuma Jumala sõbraks. Ta sai väga suuri vaimseid ja füüsilisi õnnistusi, et isegi riigi kuningas võttis teda austusavaldustega vastu.

Nii nagu selgitatud, enamasti tabavad katsumused meid meis oleva kurjuse tõttu, aga on ka erandjuhtumeid, kus jumalarahva elus esineb nende usu läbikatsumist. Kuid see toob õnnistuse.

Konnade nuhtlus

Vaarao tegi oma südame kõvaks ka siis kui Niiluse vee vereks muutumisest oli seitse päeva möödunud. Kuna tema võlurid tegid ka vee vereks, ta ei lasknud Iisraeli rahval ära minna.

Vaarao oli oma rahva valitseja ja pidi veepuuduse tõttu kannatava rahva heaolu eest hoolitsema, aga ta ei hoolinud tegelikult sellest, kuna ta süda oli kõva.

Vaarao kõvaks muutunud südame tõttu tabas Egiptust veel teinegi nuhtlus.

> *Niiluse jõgi hakkab kihama konnadest, need tulevad üles ning lähevad su kotta ja su magamiskambrisse ja su voodisse, samuti su sulaste kodadesse ja su rahva sekka, su küpsetusahjudesse ja leivaküünadesse. Jah, konnad hüppavad sinu ja su rahva ja kõigi su sulaste peale* (2. Moosese raamat 7:28-29).

Nii nagu Jumal ütles Moosesele, kui Aaron sirutas saua Egiptuse vete kohale, katsid Egiptusemaad arvukad konnad. Siis tegid võlurid oma salakunstidega sama.

Maailmas, välja arvatud Antarktika, on üle 400 erineva konnaliigi, mis on 2,5 cm – 30 cm suuruses.

Mõned söövad konnasid, aga tavaliselt inimesed tunnevad konnasid nähes kas üllatust või vastikustunnet. Konnade silmad on pungis ja neil pole saba. Nende tagajalgadel on lestad ja nende nahk on alati märg. Kõik see tekitab teatud ebamugavustunnet.

Kogu maal polnud vaid mõned konnad, vaid maa kihas konnadest. Nad istusid söögilaudade peal ja hüppasid magamistubades ja voodites. Inimesed ei suutnud enam mõeldagi toidu nautimisest ega hästi ja rahulikult väljapuhkamisest.

Konnade nuhtluse vaimne tähendus

Milline on siis konnade nuhtluse vaimne tähendus?

Johannese ilmutuses 16:13 on väljendus: *„kolm rüvedat vaimu otsekui konnad."* Konnad on jälgid loomad ja tähistavad vaimselt saatanat.

Konnad läksid vaarao paleesse ja aukandjate ja inimeste kodadesse, mis tähendas, et see nuhtlus tabas igaüht samamoodi, hoolimata nende ühiskondlikust seisundist.

Samuti tähendas konnade voodissehüppamine ja voodisolek abikaasade vahelisi probleeme.

Oletame näiteks, et naine on usklik, aga mees mitte ja mehel on abieluväline suhe. Kui mees siis teolt tabatakse, vabandab ta end välja sõnadega: „See juhtus, kuna sa oled kogu aeg koguduses."

Kui naine usub meest, kes süüdistab nende isikliku elu probleemides kogudust ja eemaldub Jumalast, on tegu „magamiskambris oleva saatana" tekitatud probleemiga.

Inimesi tabab niisugune nuhtlus, kuna nende sees on teatud liiki kurjus. Nad näivad elavat head usuelu, aga läbikatsumiste tulles nende süda kõigub. Nende usk ja taevalootus kaovad.

Nende rõõm ja rahu kaovad samuti ja nad tunnevad olukorda nähes hirmu.

Aga kui neil on tõeline taevalootus ja nad armastavad Jumalat ja neil on tõeline usk, ei kannata nad maapealsete raskuste tõttu. Siis nad pigem võidavad need ja saavad õnnistatud.

Konnad läksid küpsetusahjudesse ja leivakünadesse. Leivakünad kujutavad meie igapäevast leiba ja küpsetusahi meie töökohta või töist tegevust. See tähendab kokkuvõtlikult, et saatan töötab inimeste peredes, töökohtades, töises tegevuses ja isegi igapäevasel toidulaual, mis paneb igaühe raskesse ja stressirohkesse olukorda.

Taolises olukorras ei võida mõned inimesed katsumust, sest nad mõtlevad: „Need katsumused tabavad mind, sest ma usun Jeesust" ja siis nad naasevad maailma. See tähendab, et nad lahkuvad pääsemise ja igavese elu teelt.

Aga kui nad tunnistavad, et neid tabasid raskused nende usupuuduse ja kurjuse tõttu ja nad parandavad siis sellest meelt, lakkab saatana häiriv tegevus ja Jumal aitab neil raskused ületada.

Kui meil on tõesti usk, pole katsumused ega nuhtlused meie jaoks probleemiks. Isegi kui me sattume katsumusse, lahenevad kõik probleemid kui me rõõmustame, täname, oleme valvel ja palvetame.

Siis vaarao kutsus Moosese ja Aaroni ning ütles:
„Paluge Isandat, et Ta võtaks ära konnad minu ja

mu rahva kallalt, siis ma lasen rahva minna Isandale ohverdama!" (2. Moosese raamat 8:4).

Vaarao palus, et Mooses ja Aaron võtaksid ära kogu maa täitnud konnad. Moosese palve peale surid konnad kodades, õuedes ja põldudel.
Inimesed kuhjasid need hunnikusse ja maa hakkas haisema. Nüüd tundsid nad kergendust. Aga niipea kui vaarao nägi, et nad olid saanud kergendust, muutis ta meelt. Ta oli varem lubanud, et ta laseb Iisraeli rahval minna kui konnad ära võetakse, aga siis ta muutis meelt.

Kui vaarao nägi, et ta oli saanud kergendust, siis ta tegi oma südame kõvaks ega kuulanud neid – nagu Isand oli öelnud (2. Moosese raamat 8:11).

„Südame kõvaks tegemine" tähendab, et vaarao oli kangekaelne. Ta ei kuulanud Moosest ka pärast mitmete Jumala tegude nägemist. Selle tulemusel tabas maad uus nuhtlus.

Sääskede nuhtlus

Jumal ütles Moosesele 2. Moosese raamatus 8:12: *„Ütle Aaronile: Siruta oma kepp välja ja löö maa põrmu, et sellest tuleks sääski kogu Egiptusemaale!"*
Kui Mooses ja Aaron tegid seda, mida Jumal käskis, muutus

maa põrm sääskedeks kogu Egiptusemaal.
Võlurid proovisid salakunstide abil sääski tekitada, aga nad ei suutnud. Lõpuks said nad aru, et seda ei olnud võimalik teha mingi inimliku väe läbi ja ütlesid toda valitsejale.

See on Jumala sõrm! (2. Moosese raamat 8:15).

Selle ajani suutsid võlurid teha samasuguseid asju, nad muutsid saua maoks, vee vereks ja tekitasid konnasid. Aga edasist ei suutnud nad enam teha.

Lõpuks pidid nemadki tunnistama, et Moosese läbi sai ilmsiks Jumala vägi. Aga vaarao paadutas ikkagi oma südant ja ei kuulanud Moosest.

Sääskede nuhtluse vaimne tähendus

Heebreakeelset sõna „kinim" tõlgitakse kas „täid, kirbud või sääsed." Niisugused putukad on tavaliselt ebapuhastes paikades elavad väikesed putukad. Nad püsivad inimese või loomade ihu küljes ja imevad verd. Tavaliselt leidub neid juustes, riietes või loomakarvades. Erinevaid sääseliike on üle 3300.

Kui nad imevad inimihust verd, hakkab ihu sügelema. See võib samuti tekitada hilisemat nakkushaigust nagu perioodilist palavikku või lööbelist tüüfust.

Tänapäeval ei leidu puhastes linnades väga lihtsalt enam sääski, aga seal leidus palju taolisi putukaid, kes elasid puuduliku hügieeni tõttu inimihul.

Mida siis sääskede nuhtlus spetsiaalselt tähendab?

Maa põrm muutus sääskedeks. Maa põrm on väga väike ja seda võib hingetõmbega ära puhuda. See on 3-4µm (mikromeetri) kuni 0,5 mm suurusvahemikus.

Nii nagu tolmutaoline peaaegu tähendusetu asi võib muutuda elavaks sääseks, kes imeb verd ja tekitab raskust ja kannatust, sümboliseerib sääskede nuhtlus juhtumeid, mil väikesed eimillegitaolised pinna alla peitunud asjad tulevad äkitselt esile ja muutuvad suurteks probleemideks, mis valmistavad meile kannatust ja valu.

Sügelemine tekitab tavaliselt muudest haigustest tingitud vaevaga võrreldes palju väiksemat vaeva, kuid see on väga ärritav. Samuti, kuna sääsed elavad ebapuhastes kohtades, tabab sääskede nuhtlus kohta, kus on mingisugust kurjust.

Näiteks veidike vendade või abikaasade vahelist tüli võib muutuda suureks kakluseks. Kui nad räägivad minevikus sündinud väikesest asjast, võib ka see muutuda suureks kakluseks. Ka see on sääskede nuhtlus.

Kui niisugused kurjuse vormid nagu kadedus ja armukadedus muutuvad südames vihkamiseks, on sääskede nuhtlus ka see kui inimene ei suuda end vaos hoida ja vihastub kellegi peale ja kui kellegi väikestest valedest saavad valede varjamise käigus suured valed.

Kui inimsüdames on varjatud kujul kurjus, tunneb inimene südamepiina. Ta võib tunda, et ta kristlase elu on raske. Teda võib tabada mitte väga tõsine haigus. Ka taolised asjad on sääskede nuhtlus. Kui me äkitselt haigestume palavikku või külmetushaigusesse või kui meil on väikesed tülid ja probleemid, peaksime me kiiresti tagasi vaatama ja meelt parandama.

Aga mida tähendas see, et sääsed sõid ka loomi? Loomad on elusolendid ja sel ajal määras loomade arv koos maa suurusega inimese rikkuse. Valitsejal, ta ametnikel ja inimestel olid viinamäed ja nad kasvatasid kariloomi.

Aga mis vara meil täna on? Meie „varanduse" hulka ei kuulu vaid majad, maa, töö või töökoht, aga ka perekonnaliikmed. Ja kuna loomad on elusolendid, tähistavad nad koos elavaid perekonnaliikmeid.

„Sääskede inimeste ja loomade peal olemine" tähendab, et väikeste probleemide kasvamise tõttu ei kannata vaid meie, aga ka me pereliikmed.

Niisuguste näidete hulka kuuluvad juhtumid, kus lapsed kannatavad vanemate valede tegude tõttu või abikaasa naise vea tõttu.

Koreas on paljudel väikelastel atoopiline dermatiit. Esialgu algab see vähese kihelusega, aga levib peagi üle kogu ihu ja tekitab nahalööbeid ja paiseid.

Raske juhtumi korral lõheneb mõne lapse nahk pealaest jalatallani ja sellest tuleb eritist. Kuna laste nahk on lõhki rebenenud, katab seda mäda ja veri.

Kui vanemad näevad oma lapsi taolises olukorras, valmistab see neile palju südamevalu, kuna nad ei saa tegelikult oma laste heaks midagi teha.

Samamoodi, kui vanemad vihastuvad, tekib väikelastel vahel palavik. Väikelaste haigused on paljudel juhtudel põhjustatud vanemate valedest tegudest.

Kui vanemad kontrollivad taolises olukorras oma elu ja parandavad meelt sellest, et nad ei täitnud oma kohust õieti ja ei pidanud teistega rahu ning sellest, mis nende elus Jumala silmis õige ei ole, paranevad nende lapsed peagi.

Me võime näha, et ka nende asjade juhtuda laskmine tuli Jumala armastusest. Sääskede nuhtlus tabab meid kui meie elus on mingit kurja. Seega me ei tohiks isegi väikeseid asju kokkusattumusteks pidada, vaid peaksime leidma meis oleva kurjuse ja kiiresti meelt parandama ja kurjast pöörduma.

4. peatükk

Parmude, katku ja paisete nuhtlused

2. Moosese raamat 8:20- 9:11

„Ja Isand tegi nõnda: parme tuli rängasti vaarao kotta ja tema sulaste kodadesse; ja kogu Egiptusemaal kannatas maa parmude tõttu" (8:20).

„Vaata, siis on Isanda käsi su karja peal, kes on väljal: hobuste, eeslite, kaamelite, veiste, lammaste ja kitsede peal väga raske katkuga. Ja Isand tegi järgmisel päeval nõnda, ja egiptlaste kogu kari suri, ent Iisraeli laste karjast ei surnud ühtainsatki" (9:3, 6).

„Ja nad võtsid sulatusahju tahma ning astusid vaarao ette; Mooses puistas seda vastu taevast ja see muutus mädavillideks arenevaiks paiseiks inimestel ja loomadel. Ja võlurid ei suutnud seista Moosese ees paisete pärast, sest paised olid võlureil ja kõigil egiptlastel" (9:10-11).

Egiptuse võlurid tunnistasid pärast sääskede nuhtluse nägemist Jumala väge. Aga vaarao paadutas ikka oma südant ja ei kuulanud Moosest. Selle ajani ilmutatud Jumala väest oleks piisanud Jumalasse uskumiseks. Aga ta toetus vaid oma jõule ja meelevallale ja pidas end jumalaks ning ei kartnud Jumalat. Nuhtlused jätkusid, aga ta ei parandanud meelt, vaid paadutas oma südant veelgi rohkem. Seega muutusid ka nuhtlused suuremaks. Kuni sääskede nuhtluseni taastusid inimesed pöördudes otsekohe. Aga pärast seda muutus taastumine ühe raskemaks.

Parmude nuhtlus

Jumala Sõna kohaselt läks Mooses varahommikul vaarao juurde. Ta edastas vaaraole taas Jumala sõnumi, et ta laseks Iisraeli lastel minna.

> *Siis Isand ütles Moosesele: Tõuse hommikul vara ja astu vaarao ette ning ütle temale: Nõnda ütleb Isand, heebrealaste Jumal: Lase mu rahvas minna ja mind teenida!* (2. Moosese raamat 9:13).

Sellest hoolimata ei kuulanud vaarao Moosest. See põhjustas parmude nuhtluse, mis ei tabanud vaid vaarao paleed ja ametikandjate kodasid, vaid kogu Egiptusemaad. Maa oli täis parmusid.

Parmud on kahjulikud. Nad edastavad haigusi nagu tüüfus, koolera, tuberkuloos ja pidalitõbi. Kärbselised võivad paljuneda kõikjal, ka väljaheitel ja prahil. Parmud söövad kõike, olgu tegu jäätmete või toiduga. Neil on kiire seedimine ja nad eritavad iga viie minuti tagant väljaheiteid.

Eriliiki haigusttekitavad organismid võivad jääda inimeste toidu või toidunõude peale ja pääseda inimihusse. Kärbseliste suu ja jalad on kaetud vedelikega, milles sisaldub samuti haigusttekitavaid organisme. Kärbselised on ühed suurimad nakkushaiguste põhjustajad.

Täapäeval on meil palju ennetavaid meetmeid ja ravi ja enam pole palju kärbseliste kaudu levitatud haigusi. Aga vanasti surid paljud nakkuse leviku tõttu. Samuti, kui kärbselised on toidu peal, mida me sööme, on raske niisugust toitu süüa, kuna see pole puhas.

Ja kogu Egiptusemaad ei katnud vaid üks ega kaks parmu, vaid maa kihas neist. See pidi inimeste jaoks väga vaevaline olema! Tõenäoliselt nad tundsid hirmu üksnes endi ümber toimuvat nähes.

Kohutavad parmuparved kahjustasid kogu Egiptusemaad. See tähendab, et mitte üksnes vaarao, vaid samuti kõigi egiptlaste mäss ulatus kogu Egiptusemaa piirideni.

Aga iisraellaste ja egiptlaste vahel selge piiri tõmbamiseks ei saadetud parmusid iisraellaste elukohta Goosenimaal.

Minge, ohverdage oma Jumalale siin maal! (2. Moosese raamat 8:21).

Enne kui Jumal saatis esimese nuhtluse, käskis Ta neil kõrbes Talle ohvri tuua, aga vaarao ütles, et nad ohverdaksid oma Jumalale Egiptusemaal. Nüüd Mooses keeldus sellest ja ütles vaaraole ka oma keeldumise põhjuse.

Ei ole sünnis nõnda teha, sest see, mis me ohverdame Isandale, oma Jumalale, on egiptlastele vastik. Vaata, kui me ohverdame seda, mis egiptlaste meelest on vastik, nende silme ees, eks nad viska meid siis kividega? (2. Moosese raamat 8:22).

Mooses ütles siis, et nad lähevad kolmeks päevaks kõrbesse ja teevad lihtsalt Jumala käsu kohaselt. Vaarao vastas ja ütles, et ta ei läheks liiga kaugele ja et ta paluks ka tema eest.

Mooses ütles vaaraole, et parmud kaovad kohe järgmisel päeval ja palus, et ta peaks ustavalt oma lubadusest kinni ja laseks Iisraeli lastel minna.

Aga vaarao muutis meelt kui parmud lahkusid Moosese palve peale ja ei lasknud Iisraeli lastel maalt välja minna. Selle abil me saame aru, kui petlik ja kurikaval ta oli. Me saame ka aru, miks ta pidevalt nuhtluste tõttu kannatama pidi.

Parmude nuhtluse vaimne tähendus

Nii nagu parmud tulevad ebapuhastest kohtadest ja levitavad nakkushaigusi, räägib inimene kurje sõnu kui ta süda on kuri ja ebapuhas ja põhjustab eri haiguste või probleemide tulekut oma ellu. See on parmude nuhtlus.

Kui taoline nuhtlus inimest tabab, ei taba ta üksnes konkreetset inimest, vaid ka tema abikaasat ja töökohta.

Matteuse 15:18-19 öeldakse: *„Aga mis suust välja tuleb, lähtub südamest ja see rüvetab inimest, sest südamest lähtub kurje mõtteid, mõrvamist, abielurikkumist, hooramist, vargust, valetunnistust, pühaduseteotust."*

See, mis on inimese südames, tuleb ta suu kaudu esile. Heast südamest tulevad head sõnad, aga ebapuhtast ebapuhtad. Kui meis on ebatõde ja riukameelsust ning vihkamist ja viha, tulevad niisugused sõnad ja teod esile.

Nii laim, kohtumõistmine, hukkamõist ja needmine tulevad kurjast ebapuhtast südamest. Sellepärast öeldakse Matteuse 15:11: *„Inimest ei rüveta see, mis ta suust sisse tuleb, vaid see, mis suust välja tuleb, rüvetab inimest."*

Isegi uskmatud ütlevad sarnaselt „Sõnad langevad kui seemned" või „Mahapillatud vett ei saa enam tagasi panna."

Te ei saa öeldut lihtsalt tühjaks teha. Meie suuga tunnistatu on väga tähtis, eriti kristlase elus. Vastavalt räägitule, olgu need sõnad kas positiivsed või negatiivsed, võib öeldul olla teie jaoks erinev tagajärg.

Kui me põeme lihtsat külmetushaigust või tavalist nakkushaigust, kuulub see sääskede nuhtluse kategooriasse. Seega, kui me parandame kohe meelt, võime me taastuda. Aga parmude nuhtluse korral ei taastu me kohe ka siis kui me meelt parandame. Kuna selle põhjuseks oli sääskede nuhtluse taga seisvast suurem kurjus, tuleb meil karistust kanda.

Seega, kui meid tabab parmude nuhtlus, peame me tagasi vaatama ja nii võib probleem lahenduse leida alles pärast meeleparandust.

Piiblis räägitakse inimestest, kes said oma kurjade sõnade eest karistuse. Nii juhtus kuningas Sauli tütre ja kuningas Taaveti naise Miikaliga. 2. Saamueli raamatu 6. peatükis kui Isanda Jumala seaduselaegas toodi tagasi Taaveti linna, oli Taavet väga rõõmus ja tantsis kõigi nähes.

Isanda Jumala seaduselaegas sümboliseeris Jumala ligiolu. Vilistid võtsid selle oma valdusse kohtumõistjate ajal, aga see toodi tagasi. See ei võinud kogudusetelgis olla ja oli ajutiselt seitsekümmend aastat Kirjat-jearimis. Pärast Taaveti trooniletulekut võis ta seaduselaeka Jeruusalemma kogudusetelki viia. Ta oli ülirõõmus.

Mitte üksnes Taavet, aga kogu Iisraeli rahvas rõõmustasid ja kiitsid Jumalat. Aga Miikal, kes oleks pidanud oma abikaasaga rõõmustama, vaatas kuninga peale altkulmu ja tundis tema vastu põlgust.

Kuidas küll Iisraeli kuningas on täna ennast

austanud, paljastades ennast täna oma sulaste teenijate silme ees nagu alp, kes sel kombel ennast täiesti paljastab! (2. Saamueli raamat 6:20).

Mida ütles siis Taavet?

Isanda ees, kes mind on valinud sinu isa ja kogu ta soo asemel ja kes käskis mind olla vürstiks Isanda rahvale Iisraelile, jah, Isanda ees olen ma tantsinud. Ma tahan ennast alandada sellest veelgi rohkem ja olla iseenese silmis alandlik! Aga teenijate juures, kellest sa rääkisid, olen ma auväärne (2. Saamueli raamat 6:21-22).

Kuna Miikal rääkis neid kurje sõnu, ei saanud ta last kuni surmani.

Inimesed teevad oma suuga palju pattu, aga nad ei saa isegi aru, et nende sõnad on patused. Huulte üleastumise tõttu tabab patu eest karistus töökohtasid, ettevõtteid ja peresid, aga inimesed ei saa selle põhjusest aru. Jumal räägib meile sõnade tähtsusest.

Kurja püünis on huulte üleastumises, aga õige pääseb hädast. Oma suu viljast saab igaüks küllalt head, ja inimese kätetöö tuleb tagasi temale enesele (Õpetussõnad 12:13-14).

Oma suu viljast sööb mees head, aga autute igatsuseks on vägivald. Kes valvab oma suud, hoiab oma hinge, aga huulte ammuliajajat tabab hukatus (Õpetussõnad 13:2-3).

Surm ja elu on keele võimuses, ja kes seda armastab, saab süüa selle vilja (Õpetussõnad 18:21).

Me peaksime aru saama, missuguseid tagajärgi meie suust lähtunud kurjad sõnad põhjustavad, et me räägiksime ainult positiivseid, häid ja ilusaid sõnu, õigsuse ja valguse sõnu ja usutunnistust.

Loomakatku nuhtlus

Vaarao paadutas oma südant edasi ja ei lasknud Iisraeli lastel minna. Siis lubas Jumal loomakatku nuhtluse asetleidmist.

Ka sel ajal saatis Jumal Moosese enne nuhtluse vallapäästmist. Ta saatis Moosese oma tahet edastama.

Sest kui sa keelad neid minemast ja pead neid veel kinni, vaata, siis on Isanda käsi su karja peal, kes on väljal: hobuste, eeslite, kaamelite, veiste, lammaste ja kitsede peal väga raske katkuga. Aga Isand eraldab Iisraeli karja ja egiptlaste karja, ja Iisraeli laste omadest ei sure ühtainsatki (2. Moosese raamat 9:2-4).

Jumal seadis kindla aja ja ütles: „Homme teeb Isand Jumal maal selle asja teoks", et oleks arusaadav, et tegu polnud kokkusattumuse, vaid Jumala väe läbi tulnud nuhtlusega. Niimoodi andis Ta neile meeleparanduse võimalusi.

Kui vaarao oleks Jumala väge veidigi tunnistanud, oleks ta meelt muutnud ja edasised nuhtlused oleksid olemata jäänud.

Aga ta ei muutnud meelt. Selle tulemusena tabas neid nuhtlus ja väljal olev eluskari – hobused, eeslid, kaamelid, veised, lambad ja kitsed surid.

Aga Iisraeli karjast ei surnud vastupidi, ainsatki looma. Jumal lasi neil aru saada, et Ta oli elav ja täitis oma Sõna. Vaarao teadis seda väga hästi, aga ta ei muutnud oma mõtlemist.

Loomakatku vaimne tähendus

Katk on haigus, mis levib kiiresti ja tapab arvukaid inimesi või loomi. Nüüd, kogu Egiptuse eluskari suri ja võib ette kujutada, kui suurt kahju see tegi.

Näiteks must surm ehk muhkkatk, mis võttis Euroopas neljateistkümnendal sajandil võimust, oli tegelikult epideemia, mis tabas loomi nagu oravaid ja rotte. Aga see levis kirpude kaudu inimestele ja põhjustas paljude surma. Kuna see oli nii nakkav ja tolleaja arstiteadus ei olnud väga arenenud, kaotasid paljud inimesed oma elu.

Eluskari nagu kariloomad ja hobused ja lamba- ja kitsekarjad moodustasid suure osa inimeste rikkusest. Seega sümboliseerib eluskari vaarao, tema ametnike ja rahva vara. Eluskari on elav ja tänapäeva mõttes tähistab see meie perekonnaliikmeid, töökaaslasi ja sõpru, kes on meiega kodus, töökohas ja ettevõtetes. Egiptuse karja tabanud nuhtluse põhjustas vaarao kurjus. Seega tähendab katk vaimselt, et kui meis koguneb kurjust ja Jumal pöörab meilt oma palge, tabavad meie pereliikmeid haigused.

Näiteks kui vanemad on Jumalale sõnakuulmatud, võivad nende armastatud lapsed haigestuda raskelt ravitavasse haigusesse. Või naine võib haigestuda abikaasa kurjuse tõttu. Kui niisugune nuhtlus tabab meid, ei pea me vaid enda tehtut kontrollima, vaid kõik pereliikmed peaksid koos meelt parandama.

2. Moosese raamat 20:4 ja edasi räägitakse, et ebajumalakummardamise karistus pärandub kolmele või neljale sugupõlvele.

Muidugi ei karista armastuse Jumal iga kord. Kui lastel on hea süda, võtavad nad Jumala vastu ja elavad usus ja neid ei taba vanemate pattude läbi tekitatud nuhtlused.

Aga kui lastes koguneb rohkem kurja kui nad vanematelt pärisid, peavad nad pattude tagajärgi kandma. Paljudel juhtudel sünivad ebajumalaid kummardavates peredes sageli pärilike puuete või vaimsete hälvetega lapsed.

Mõnedel inimestel on majaseintele kleebitud amuletid. Teised kummardavad Buddha ebajumalaid. On ka neid, kes panevad oma nime budistlikesse templitesse. Niisuguse tõsise ebajumalakummardamise korral on lastel probleemid ka siis kui vanemad ei näi mingi nuhtluse tõttu kannatavat.

Seega peaksid vanemad alati tões püsima, et nende patud ei päranduks lastele. Kui pereliige haigestub raskesti ravitavasse haigusesse, peab perekond kontrollima, ega see ei juhtunud nende pattude tõttu.

Paisete nuhtlus

Vaarao vaatas, kuidas egiptlaste eluskari suri ja saatis oma esindajad järele uurima, mis juhtus Goosenimaal, kus elasid iisraellased. Erinevalt Egiptusemaast, ei surnud Goosenimaal ükski kariloom.

Vaarao ei pöördunud ka pärast vaieldamatut Jumala töö kogemust.

Ja kui vaarao läkitas vaatama, ennäe, siis ei olnud Iisraeli karjast surnud ühtainsatki. Aga vaarao süda jäi kõvaks ja ta ei lasknud rahvast minna (2. Moosese raamat 9:7).

Lõpuks ütles Jumal, et Mooses ja Aaron võtaksid sulatusahjust mõlema käega pihutäie tahma ja Mooses puistaks seda vaarao nähes vastu taevast. Kui nad tegid, mida Jumal neil teha käskis, muutus tahm inimestele ja loomadele tekkivateks mädavillideks arenevateks paiseteks.

Paise on kohalik paistetus ja nahapõletik, mis tekib nahakarva nääpsu ja seda ümbritseva koha nakkusest, mis on keskelt kõva ja mädane.

Tõsise juhtumi korral on vaja operatsiooni. Mõned paised on üle kümnesentimeetrise läbimõõduga. Paise paisub ja põhjustab kõrget palavikku ja kurnatust ning mõned inimesed ei saa isegi hästi käia. See on väga valus.

Niisugused paised katsid inimesi ja loomi ja isegi võlurid ei saanud paisete tõttu Moosese ees seista.

Loomakatku korral suri ainult loomakari. Aga paisete puhul kannatasid loomadele lisaks ka inimesed.

Paisete nuhtluse vaimne tähendus

Katk on sisehaigus, aga paiset võib näha väliselt siis kui sees on midagi tõsiselt korrast ära.

Näiteks, väike vähirakk kasvab ja lõpuks on seda väliselt näha. Sama juhtub tserebraalse apopleksia, kopsuhaiguste ja AIDSi korral.

Tavaliselt haigestuvad neisse haigustesse jonnaka iseloomuga inimesed. Iga juhtum võib erineda, aga paljud neist on väga keevalised, kõrgid, andestamatud ja ennast teistest paremaks pidavad inimesed. Samuti toonitavad nad vaid oma arvamusi ja jätavad teiste omad tähelepanuta. Kõik see sünnib armastuse puuduse tõttu. Sellepärast tabavad inimesi nuhtlused.

Vahel võime me mõelda: „Ta paistab väga leebe ja hea, miks tal on niisugune haigus?" Aga isegi kui inimene näib väliselt leebe, ei pruugi ta seda Jumala silmis tegelikult olla.

Kui ta pole jonnakas, siis on tõenäoliselt tegu ta esivanemate tehtud tõsiste pattudega (2. Moosese raamat 20:5).

Kui nuhtlus tuleb perekonnaliikme tõttu, laheneb probleem kui pereliikmed parandavad ühiselt meelt. See saab neile õnnistuseks kui nad muutuvad rahulikuks ja kenaks perekonnaks.

Jumal valitseb oma õigusega inimeste elu, surma, õnne ja ebaõnne. Seega, ükski nuhtlus ega õnnetus ei tule põhjuseta (5. Moosese raamat 28. peatükk).

Samamoodi, isegi kui lapsed kannatavad oma vanemate või esivanemate pattude tõttu, on peapõhjus lastes endis. Isegi kui vanemad kummardavad ebajumalad, aga lapsed elavad Jumala Sõna alusel, kaitseb Jumal neid ja seega nuhtlused ei taba neid.

Esivanemate või vanemate ebajumalakummardamise patu karistus pärandub lastele, sest lapsed ei ela ise Jumala Sõna alusel. Kui nad elavad tõe sees, kaitseb neid õiguse Jumal ja nende elus ei ole taolisi probleeme.

Kuna Jumal on armastus, peab ta ühtainsat hinge kogu maailmast hinnalisemaks. Ta tahab, et igaüks saaks päästetud, elaks tões ja oleks selles elus võidukas.

Jumal lubab meie ellu nuhtlusi mitte meie hävituseks, vaid oma armastusest, meie meeleparandusele viimiseks ja pattudest pöördumiseks.

Vere, konnade ja sääskede nuhtlused on saatana teod ja need on suhteliselt väikesed. Seega, kui me parandame meelt ja pöördume patust, lahenevad need lihtsalt.

Aga parmude, katku ja paisete nuhtlused on tõsisemad ning puudutavad meie ihu otseselt. Seega, taolistel juhtudel peame me oma südame lõhki käristama ja väga põhjalikult meelt parandama.

Kui meid tabab mingi taoline nuhtlus, ei tohiks me kedagi süüdistada. Selle asemel peaksime me olema piisavalt targad, et vaadelda end Jumala Sõna valgel ja parandada meelt sellest, mis meie elus pole Jumala silmis õige.

5. peatükk

Rahe ja rohutirtsude nuhtlused

2. Moosese raamat 9:23-10:20

Ja Mooses sirutas oma kepi taeva poole ning Isand andis müristamist ja rahet, ja tuli lõi maha; ja Isand laskis Egiptusemaale rahet sadada. Ja rahe ja tuli, mis oli rahega segamini, olid väga rängad, milliseid ei ole olnud kogu Egiptusemaal selle asustamisest alates (9:23-24). Ja Mooses sirutas oma kepi välja Egiptusemaa kohale ning Isand saatis maale idatuule kogu selle päeva ja kogu selle öö; kui hommik tuli, tõi idatuul kaasa rohutirtsud (10:13-14).

Vanemad, kes tõesti oma lapsi armastavad, ei keeldu neid korrale kutsumast või neile laksu andmast. Vanemad soovivad oma lapsi juhatada, et nad teeksid õieti. Kui lapsed ei kuula vanemate tõrelemist, tuleb vahel kasutada vitsa, et lastele asi meelde jääks. Aga vanemate südamevalu on laste füüsilisest valust suurem.

Vahel pöörab ka armastuse Jumal oma palge ära, et lasta nuhtlusel või probleemidel tulla, et Ta armastatud lapsed võiksid meelt parandada ja patust pöörduda.

Rahe nuhtlus

Jumal oleks vaarao allutamiseks kohe võinud suure nuhtluse saata. Aga Jumal on kannatlik; Ta kannatus kestab kaua. Ta näitas oma väge ja juhatas väikese nuhtlusega alustades vaarao ja tema rahva Jumala olemasolu tunnistama.

> *Kui ma nüüd oma käe välja sirutasin ja sind ja su rahvast lõin katkuga, siis oleksid sa maa pealt kaotatud olnud, aga ma jätsin sind alles just selleks, et näidata sulle oma väge ja teha kuulsaks oma nimi kogu maailmas. Kui sa veel ülbe oled mu rahva vastu ega lase neid minna, vaata, siis ma lasen homme sadada väga rasket rahet, millist ei ole Egiptuses olnud ta asustamisajast tänini (2. Moosese raamat 9:15-18).*

Nuhtlused muutusid üha suuremaks, aga vaarao ülendas ikka end iisraellaste üle ja ei lasknud neil minna. Siis lubas Jumal tulla seitsmendal – rahe nuhtlusel.

Jumal ütles vaaraole Moosese läbi, et järgmisel päeval hakkab sadama väga rasket rahet, millist ei olnud Egiptuses olnud ta asustamisajast tolle päevani. Jumal andis võimaluse, et inimesed ja kari ja kõik, kes väljal olid, varju alla viia. Ta hoiatas neid eelnevalt ja ütles, et kui mõni inimene või loom jääb välja, langeb rahe ja nad surevad.

Mõned vaarao sulastest kartsid Isanda Sõna ja päästsid oma sulased ja karja koju. Aga paljud ei kartnud ikka Jumala Sõna ja ei hoolinud sellest.

Aga kes ei võtnud Isanda Sõna südamesse, jättis oma sulased ja karja väljale (2. Moosese raamat 9:21).

Järgmisel päeval sirutas Mooses oma saua taeva poole ja Jumal andis müristamist ja rahet, ja tuli lõi maha. See oleks pidanud tõesti inimesed, loomad, puud ja välja taimed laastama. Tegu oli tõesti suure nuhtlusega!

Aga 2. Moosese raamatus 9:31-32 öeldakse: *„Ja lina ja oder löödi maha, sest oder oli loonud ja lina oli kupras; nisu ja okasnisu aga ei löödud maha, sest need olid hilised."* Seega, kahju oli osaline.

Kogu Egiptusemaa oli rahe ja tule tõttu väga laastatud, ent Goosenimaal ei juhtunud midagi taolist.

Rahe nuhtluse vaimne tähendus

Tavaliselt sajab rahe ootamatult. Harilikult ei saja see suurele maa-alale, vaid lokaalselt, suhteliselt väikestele aladele.

Seega, rahe nuhtlus sümboliseerib mõne suure asja juhtumist ühes kohas, aga mitte igas valdkonnas.

Rahe ja tuli, mis oli rahega segamini, tapsid inimesi ja loomi. Kõik põllutaimed hävisid ja toitu polnud. See on ootamatute õnnetuste tõttu sündinud suur varaline kahju.

Suur kahju võib sündida tulekahju läbi töökohas või ettevõttes. Perekonnaliikmed võivad haigestuda või nendega juhtub õnnetus ja sellega tegelemiseks kulub palju raha.

Mõtelge näiteks inimesest, kes oli Isandale ustav, aga hakkas oma tööle nii palju keskenduma, et ta jäi paaril pühapäeval kogudusest kõrvale. Hiljem ta ei pidanud üldse enam hingamispäeva.

Jumal ei saa teda seetõttu kaitsta ja ta töös tekib suur probleem. Teda võib tabada ootamatu õnnetus või haigus ja see neelab palju raha. Niisugune juhtum sarnaneb rahe nuhtlusele.

Paljude jaoks on nende vara elutähtis. 1. Timoteosele 6:10 öeldakse, et rahaarmastus on kõige kurja juur, kuna rahasoovist sünnivad tapmised, röövid, inimröövid, vägivald ja palju muid kuritegusid. Vahel lõpevad raha tõttu ligimeste vahelised suhted ja tekivad vaidlused. Aineline kasu on ka maadevaheliste konfliktide peapõhjus, kuna maad tahavad suuremat territooriumi ja rohkem ressursse.

Ka mõned usklikud ei suuda raha ahvatlust võita, seega nad ei pühitse hingamispäeva ega anna õiget kümnisesummat. Kuna nad ei ela kohast kristlase elu, eemalduvad nad üha enam pääsemisest.

Nii nagu rahe hävitab suurema osa toidust, sümboliseerib rahe nuhtlus suurt kahju inimeste varale, mida nad peavad sama väärtuslikuks kui oma elu. Aga kuna rahe sajab vaid teatud aladel, ei kaota nad kogu oma vara.

Me võime Jumala armastust ka selle kaudu tunda. Kui me kaotame täielikult kogu oma vara, kogu olemasoleva, siis me võime loobuda ja isegi enesetapu sooritada. Sellepärast puudutab Jumal esiteks vaid mingit osa.

Kuigi tegu on ainult osalise kaotusega, on see suure tähtsusega ja piisavalt oluline, et meid lõpuks mingile arusaamisele tuua. Eriti rahe, mis Egiptusemaale sadas ja polnud väikeste jääkuulikeste sarnane. See oli piisavalt suur ja see sadas ka väga kiiresti.

Uudistes räägitakse ka täna, et golfipalli suurused raheterad tekitavad häiritust ja üllatavad paljusid. Egiptuses mahasadanud rahe oli Jumala eriline tegu ja see oli tulega segatud. See oli väga hirmuäratav ilming.

Rahe nuhtlus tabas neid vaarao üha sureneva kurjuse tõttu. Kui meil on kõva jonnakas süda, tabab meidki sarnane nuhtlus.

Rohutirtsude nuhtlus

Puud ja taimed said viga ja loomad ning isegi inimesed surid rahe tõttu. Lõpuks vaarao tunnistas oma eksimust.

Siis vaarao läkitas järele ja kutsus Moosese ja Aaroni ning ütles neile: "Ma olen seekord pattu teinud. Isand on õiglane, aga mina ja mu rahvas oleme õelad" (2. Moosese raamat 9:27).

Vaarao parandas kiiresti meelt ja palus, et Mooses peataks rahe.

Paluge Isandat, sest on küllalt Jumala müristamisest ja rahest. Ma lasen teid mina ja teil pole enam vaja jääda! (2. Moosese raamat 9:28).

Mooses teadis, et vaarao polnud ikkagi meelt muutnud, aga ta tõstis oma käed taeva poole, et vaarao mõistaks elava Jumala olemasolu ja seda, et kogu maailm oli Tema käes.

Nii nagu Mooses arvas, vaarao muutis meelt kohe kui vihm, äike ja rahe lakkasid. Kuna ta ei pöördunud kogu südamest, tegi ta oma südame taas kõvaks ja ei lasknud iisraellastel minna.

Vaarao sulased paadutasid oma südant samamoodi. Siis ütlesid Mooses ja Aaron neile, et Jumal lubas järgmiseks rohutirtsude nuhtluse ja hoiatasid neid, et tegu oli suurima nuhtlusega, mis maailma eales tabanud.

> *Need katavad maapinna, nõnda et maad pole näha*
> (2. Moosese raamat 10:5).

Alles siis tundsid vaarao sulased hirmu ja ütlesid oma valitsejale: *„Lase mehed minna, et nad teeniksid Isandat, oma Jumalat! Ka sa veelgi ei mõista, et Egiptus hukkub?"* (2. Moosese raamat 10:7).

Vaarao kutsus oma sulaste jutu peale Moosese ja Aaroni tagasi. Aga Mooses ütles, et nad lähevad oma noorte ja vanadega, oma poegade ja tütardega, oma lammaste, kitsede ja veistega, sest neil oli Isanda püha. Vaarao ütles, et Mooses ja Aaron olid kurjad ja ajas nad lihtsalt välja.

Lõpuks lubas Jumal kaheksanda nuhtluse – rohutirtsude nuhtluse.

> *Siis Isand ütles Moosesele: „Siruta oma käsi Egiptusemaa kohale rohutirtsude pärast, et need tuleksid Egiptusemaale ja sööksid ära kõik maa rohu, kõik, mis rahe on alles jätnud!"* (2. Moosese raamat 10:12).

Kui Mooses tegi Jumala öeldu kohaselt, läkitas Jumal kogu päevaks ja ööks maale idatuule ja hommikul tõi idatuul kaasa rohutirtsud.

Rohutirtse oli nii palju, et maa muutus pimedaks. Rohutirtsud sõid kogu Egiptuse rohu, mis rahest alles oli jäänud ja Egiptusesse ei jäänud enam mingit rohelust.

Ma olen pattu teinud Isanda, teie Jumala, ja teie vastu. Nüüd aga andke mu patt veel seekord andeks ja paluge Isandat, oma Jumalat, et Ta ometi võtaks minult selle surma! (2. Moosese raamat 10:16-17).

Kui asjad läksid nii nagu vaarao oli kartnud, kutsus ta kiiresti Moosese ja Aaroni, et paluda nuhtluse lõpetamist.

Kui Mooses läks ja palus Jumalat, tuli tugev läänetuul ja ajas kõik rohutirtsud Punasesse merre ja kogu Egiptusemaale ei jäänud ainsatki rohutirtsu. Aga vaarao tegi ka siis oma südame kõvaks ja ei lasknud Iisraeli lastel ära minna.

Rohutirtsude nuhtluse vaimne tähendus

Rohutirts on iseenesest väike putukas, aga kui rohutirtsud moodustavad suure parve, on tulemus laastav. Rohutirtsud peaaegu et hävitasid Egiptuse hetkega.

Rohutirtsud tulid kogu Egiptusemaale ja laskusid väga suurel hulgal kõigisse Egiptuse paigusse; enne seda ei olnud rohutirtse sel määral olnud ega ole neid olnud ka enam pärast seda. Need katsid kogu maapinna, nõnda et maa mustas; nad sõid ära kõik maa rohu ja kõik puude vilja, mis rahe oli üle jätnud. Ja kogu Egiptusemaal ei jäänud üle midagi haljast puudel ega väljarohtudel (2. Moosese raamat 10:14-

15).

Niisuguseid parvesid võib leida ka tänapäeval Aafrikas või Indias. Rohutirtsu parv oli 40 kilomeetri laiune ja 8 kilomeetri paksune. Sajad miljonid rohutirtsud tulid pilvena ja ei söönud üksnes vilja, vaid ka kõik taimed ja lehed ning ei jätnud mingit rohelust järele.

Pärast rahe nuhtlust jäi ikkagi veel midagi järele. Nisu ja okasnisu ei hävinud, sest need valmivad hiljem. Samuti lasid mõned Jumala Sõna kartnud vaarao sulased oma sulastel ja kariloomadel varjualusesse minna ja need ei hävinud.

Rohutirtsud ei pruugi erakordsed välja näha, aga nende tehtud kahju oli suurem kui rahe nuhtluse tekitatu. Nad sõid kogu allesjäänu ära.

Seega viitab rohutirtsude nuhtlus niisugustele õnnetustele, mis ei jäta midagi alles ja võtavad kogu rikkuse ja vara. See ei hävita üksnes perekonda, vaid ka töökohti ja ettevõtteid.

Erinevalt rahe nuhtlusest, millega kaasnes vaid osaline kahju, hävitab rohutirtsude nuhtlus kõik ja võtab kogu raha. Teiste sõnadega, inimene laastatakse rahaliselt täielikult.

Näiteks pankroti puhul kaotab inimene kogu vara ja peab pereliikmetest eralduma. Inimest võib samuti tabada kauakestev haigus, mis võtab kogu ta varanduse. Teine inimene võib aga oma laste valede tegude tõttu suure võla kaela saada.

Mõned inimesed arvavad pidevate õnnetuste korral, et tegu on mingi kokkusattumusega, aga Jumala silmis ei ole kokkusattumusi. Kui miski kahjustab inimese elu või inimene haigestub, peab see olema põhjusega.

Mida see tähendab, kui usklike elus on niisugused õnnetused? Kui nad kuulevad Jumala Sõna ja saavad Ta tahte teada, peavad nad Ta Sõnast kinni pidama. Aga kui nad käituvad ka edaspidi kurjalt, otsekui uskmatud, ei saa nad neid nuhtlusi vältida.

Kui nad ei mõista paaril korral nähtud Jumala märke, pöörab Jumal neilt oma palge. Siis võib haigusest saada nuhtlus või ihule võivad tekkida paised. Hiljem tabavad neid rahe või rohutirtsude nuhtluste sarnased nuhtlused.

Aga targad saavad aru, et tegu on Jumala armastusega, mis laseb neil väikeste õnnetuste kaudu oma vigu mõista. Nad parandavad kiiresti meelt ja väldivad suuremaid nuhtlusi.

See lugu on tõestisündinud. Üks inimene oli suurtes raskustes, sest ta oli kord põhjustanud Jumala viha. Ühel päeval sai ta tulekahju tõttu suure võla kaela. Ta naine ei pidanud võlausaldajate survele enam vastu ja püüdis enesetappu sooritada. Aga aja jooksul tulid nad Jumala tundmisele ja hakkasid koguduses käima.

Kui ma olin neid nõustanud, kuuletusid nad Jumala Sõnale ja palvetasid. Nad olid Jumalale meeltmööda oma vabatahtliku tööga koguduse heaks. Siis lahenesid kõik nende probleemid ühekaupa ja nad ei pidanud võlausaldajate tõttu enam kannatama. Lisaks said nad kogu võla tasutud. Nad suutsid ehitada isegi ärihoone ja maja osta.

Aga pärast kõigi raskuste lahenemist ja õnnistatud saamist,

nende süda muutus. Nad hülgasid Jumala armu ja muutusid taas uskmatute sarnaseks.

Ühel päeval varises abikaasa omanduses olnud ehitise osa üleujutuse tõttu kokku. Taas oli tulekahju ja ta kaotas rahaliselt kõik. Ta oli taas suurtes võlgades ja pidi naasma maal olevasse kodulinna. Aga tal oli ka tüsistustega suhkruhaigus.

Nii nagu selle juhtumi korral, kui me oleme kõike proovinud oma arusaamise ja tarkuse juures ja me oleme tühjade kätega, peame me alandliku südamega Jumala ette minema. Kui me mõtiskleme Jumala Sõna üle, parandame pattudest meelt ja pöördume, taastatakse eelnev.

Kui meil on usk, millega Jumala ette tulla ja kõik Tema kätte anda, andestab armastuse Jumal, kes ei murra rudjutud pilliroogu ja taastab meid. Kui me pöördume ja elame valguses, viib Jumal meid taas edu teele ja õnnistab meid veel enam.

6. peatükk

Pimeduse ja esmasündinu surma nuhtlused

2. Moosese raamat 10:22-12:36

Ja Mooses sirutas oma käe taeva poole ning kogu Egiptusemaale tuli kolmeks päevaks pilkane pimedus: üks ei näinud teist ja ükski ei liikunud paigast kolmel päeval. Aga kõigil Iisraeli lastel oli oma asupaikades valge (10:22-23).

Ja see sündis keskööl, et Isand lõi maha kõik esmasündinud Egiptusemaal, aujärjel istuva vaarao esmasündinust alates kuni vangiurkas oleva vangi esmasündinuni, ja kõik kariloomade esmasündinud. Siis vaarao tõusis öösel üles, tema ja kõik ta sulased, ning kõik egiptlased, ja Egiptuses oli suur hädakisa, sest ei olnud ainsatki koda, kus ei olnud surnut (12:29-30).

Piiblist võib näha, et raskustes parandasid paljud Jumala ees meelt ja Ta aitas neid.

Jumal saatis oma prohveti Juuda kuningriigi kuningas Hiskija juurde ja ütles: „Sa sured ja ei jää elama." Aga kuningas palvetas südamest nutuga ja Jumal pikendas ta eluiga.

Niinive oli Assüüria pealinn, see oli Iisraeli vastu vaenulik maa. Kui sealsed inimesed kuulsid Jumala prohveti kaudu Jumala Sõna, parandasid nad südamest pattudest meelt ja neid ei hävitatud.

Samamoodi halastab Jumal nende peale, kes tagasi pöörduvad. Ta otsib neid, kes taotlevad Ta armu ja annab neile uut armu.

Vaarao kannatas oma kurjusest mitme nuhtluse tõttu, aga ta ei pöördunud ka lõpus. Mida rohkem ta oma südant paadutas, seda suuremaks nuhtlused muutusid.

Pimeduse nuhtlus

Mõned inimesed ütlevad, et nad ei suudaks elada kui nad kaotavad. Nad usuvad oma jõusse. Vaarao oli niisugune inimene. Ta pidas end jumalaks ja ei tahtnud sellepärast Jumalat tunnustada.

Ta ei saatnud Iisraeli lapsi ka siis välja kui ta nägi oma maad hävitatult. Ta käitus, nagu ta oleks Jumalaga võistelnud. Siis lubas Jumal pimeduse nuhtlusel tulla.

Ja Mooses sirutas oma käe taeva poole ning kogu Egiptusemaale tuli kolmeks päevaks pilkane pimedus: üks ei näinud teist ja ükski ei liikunud paigast kolmel päeval. Aga kõigil Iisraeli lastel oli oma asupaikades valge (2. Moosese raamat 10:22-23).

Pimedus oli nii pilkane, et inimesed ei näinud üksteist. Keegi ei tõusnud ega liikunud paigast kolmel päeval. Kuidas oleks võimalik väljendada kogu hirmu ja ebamugavustunnet, mida nad kolme päeva jooksul kogema pidid?

Pilkane pimedus kattis kogu Egiptusemaa ja inimesed pidid pimedas liikuma, aga Goosenimaal oli Iisraeli laste asupaikades valge.

Vaarao kutsus Moosese ja ütles, et ta laseb Iisraeli lastel minna. Aga ta ütles, et Mooses jätaks lambad, kitsed ja veised maha ja võtaks vaid pojad ja tütred kaasa. Tegelikult kavatses ta iisraellasi tagasi hoida.

Aga Mooses ütles, et nad pidid Jumalale ohverdamiseks loomad kaasa võtma ja nad ei saanud midagi maha jätta, sest nad ei teadnud, missugust looma Jumalale ohverdada.

Vaarao vihastus taas ja isegi ähvardas Moosest sõnadega: „Hoia, et sa enam ei ilmu mu palge ette! Sest päeval, mil sa ilmud mu palge ette, sa sured!"

Mooses vastas julgelt: „Õigesti oled rääkinud! Enam ma ei ilmu su palge ette!" ja lahkus.

Pimeduse nuhtluse vaimne tähendus

Pimeduse nuhtluse vaimne tähendus on vaimne pimedus ja see tähistab surmaeelset nuhtlust.

Sel juhul on haigus muutunud nii tõsiseks, et inimesel pole taastumislootust. Niisugune nuhtlus tabab neid, kes ei paranda meelt ka pärast seda kui nad kaotavad kogu oma vara, mis oli neile sama kallis nagu elu.

Surma lävel seismine sarnaneb täielikus pimeduses kaljuserval seismisega, kusjuures tollest ohtlikust olukorrast pole mingit väljapääsuteed. Vaimselt, kuna inimene jättis Jumala ja hülgas täielikult usu, võetakse Jumala arm tema pealt ära ja ta vaimne elu lõpeb. Aga Jumal on ta vastu ikkagi kaastundlik, kuna ta elab edasi.

Uskmatu puhul võib inimene sattuda niisugusesse olukorda, kuna ta ei ole veel Jumalat vastu võtnud, isegi pärast paljude õnnetuste tõttu kannatamist. Usklike puhul on lood niimoodi, kuna nad ei pidanud Jumala Sõnast kinni, vaid kuhjasid kurjust kurjuse peale..

Sageli võib leida, et mõned inimesed kulutavad terve varanduse haigusest tervenemise peale, aga ootavad ikkagi üksnes surma. Neid tabas pimeduse nuhtlus.

Neil on samuti neurootilised probleemid – masendus, unetus ja närvivapustused. Nad tunnevad end abitult oma igapäevast elu edasi elades.

Kui nad mõistavad, meelt parandavad ja kurjast pöörduvad, halastab Jumal nende peale ja võtab neilt hukatusliku hingepiina. Aga vaarao paadutas oma südame ja seisis lõpuni veel rohkem Jumala vastu. Samamoodi on tänapäeval. Mõned jonnakad inimesed ei tule Jumala ette, hoolimata raskustest, mis neid tabavad. Kui raske haigus tabab neid või nende perekonnaliikmeid, nad kaotavad kogu vara ja nende elu on ohustatud, ei taha nad Jumala ees meelt parandada.

Kui me seisame Jumala vastu ka keset paljusid õnnetusi, tabab meid lõpuks surma nuhtlus.

Esmasündinu surma nuhtlus

Jumal ütles Moosesele 2. Moosese raamatus, mis edaspidi juhtub.

> *Veel ühe nuhtluse ma saadan vaaraole ja Egiptusele: pärast seda ta laseb teid siit ära minna. Kui ta lõppeks laseb minna, siis ta otse ajab teid siit ära. Räägi nüüd rahva kuuldes, et iga mees küsiks oma naabrilt ja iga naine oma naabrinaiselt hõbe- ja kuldriistu!"* (2. Moosese raamat 11:1-2).

Mooses oli olukorras, kus teda oleks tappa võidud, kui ta oleks uuesti vaarao ette läinud, aga ta läks vaarao ette Jumala tahet teatavaks tegema.

Egiptusemaal peavad surema kõik esmasündinud, aujärjel istuva vaarao esmasündinuist kuni käsikivitaguse teenija esmasündinuni, samuti kõik kariloomade esmasündinud. Siis on kogu Egiptusemaal suur hädakisa, millist ei ole olnud ja millist ei tule enam (2. Moosese raamat 11:5-6).

Siis surid öeldu kohaselt öösel mitte vaid vaarao ja tema sulaste, vaid kogu Egiptusemaa esmasündinud ja kogu eluskarja esmasündinud.

Siis oli kogu Egiptusemaal suur enneolematu hädakisa, sest iga pere esmasündinu oli surnud. Kuna vaarao tegi oma südame lõpuni kõvaks ja ei pöördunud, tabas neid ka surma nuhtlus.

Esmasündinute surma nuhtluse vaimne tähendus

Esmasündinute surma nuhtlus viitab olukorrale, kus inimene ise või tema kõige lähedasemad, võib-olla ta laps või pereliikmed, lähevad surma või täie hävingu teed ja ei pääse.

Ka Piiblis on selliseid näiteid. Iisraeli esimene kuningas Saul ei kuuletunud Jumala Sõnale, kui talle öeldi, et ta pidi Amalekis kõik hävitama. Ta näitas oma kõrkust ka sellega, et ta tõi Jumalale ise ohvri, mida vaid preestrid võisid teha. Lõpuks Jumal hülgas ta.

Niisuguses olukorras püüdis ta oma ustavat sulast Taavetit

tappa, selle asemel, et mõista oma patte ja meelt parandada. Kui inimesed järgisid Taavetit, mõtles Saul oma südamepõhjas üha kurjemalt, et Taavet hakkab tema vastu mässama.

Seega, isegi kui Taavet mängis talle harfi, viskas Saul Taaveti tapmiseks teda odaga. Ta saatis Taaveti ka lahingusse, mida tal oli võimatu võita. Ta saatis isegi oma sõjamehed Taaveti kotta teda tapma.

Pealegi, ta tappis Jumala preestrid lihtsalt seetõttu, et nad aitasid Taavetit. Tal kogunes palju kuritegusid. Lõpuks ta kaotas lahingus ja suri armetult. Ta tappis end ise.

Aga kuidas oli preester Eeli ja tema poegadega? Eeli oli kohtumõistjate ajal Iisraeli preester ja pidi neile heaks eeskujuks olema. Aga ta pojad Hofni ja Piinehas olid kõlvatud mehed, kes ei tunnustanud Jumalat (1. Saamueli raamat 2:12).

Kuna nende isa oli preester, pidid ka nemad Jumala teenimise tööd tegema, aga nad põlastasid Jumala ohvrit. Nad puudutasid ohvriks toodavat ohvriliha enne selle Jumalale andmist ja magasid isegi naistega, kes teenisid kogudusetelgi uksel.

Kui lapsed lähevad vale teed, peavad vanemad neid manitsema ja kui nad ei kuula, peavad vanemad laste peatamiseks rangemad meetmed kasutusele võtma. Niisugune on vanemate kohus ja tõeline armastus. Aga preester Eeli ütles vaid: „Miks te teete niisuguseid asju? Ei, mitte nõnda."

Ta pojad ei pöördunud oma pattudest ja perekonda tabasid needused. Kaks poega tapeti lahingus.

Kui Eeli kuulis neid uudiseid, kukkus ta toolilt alla, murdis oma kaela ja suri. Ka tema minia varises kokku ja sünnitas enneaegselt ning suri lõpuks.

Üksnes neid juhtumeid nähes võib mõista, et needused või traagilised surmad ei juhtu lihtsalt põhjuseta.

Kui keegi elab Jumalale sõnakuulmatut elu, sureb kas tema või mõned ta pereliikmed. Mõned inimesed naasevad Jumala juurde alles pärast niisuguste surmade tunnistamist.

Kui nad ei pöördu isegi pärast esmasündinute surmanuhtluse nägemist, on neil igavesti võimatu pääseda ja see on suurim nuhtlus. Seega tuleb enne nuhtluste saabumist ja kui nuhtlused on juba saabunud, pattudest meelt parandada, enne kui selleks liiga hilja on.

Vaarao tunnistas Jumalat hirmust alles pärast kõiki kümmet nuhtlust ja lasi Iisraeli lastel minna.

> *Ja ta [vaarao] kutsus öösel Moosese ja Aaroni ning ütles: „Võtke kätte ja minge ära mu rahva keskelt, niihästi teie kui ka Iisraeli lapsed, ja minge teenige Isandat, nagu te olete rääkinud! Võtke ka niihästi oma lambad ja kitsed kui veised, nagu te olete rääkinud, ja minge! Ja õnnistage ka mind!"* (2. Moosese raamat 12:31-32).

Kümne nuhtluse käigus näitas vaarao selgelt oma paadunud südant ja oli sunnitud Iisrali lastel minna laskma. Aga ta kahetses seda peagi. Ta võttis kogu oma sõjaväe ja Egiptuse kaarikud ja hakkas Iisraeli lapsi taga ajama.

Ja ta laskis rakendada hobused sõjavankrite ette ning võttis oma rahva enesega kaasa. Ta võttis kuussada valitud sõjavankrit ja kõik muud Egiptuse sõjavankrid, ja võitlejaid nende kõigi jaoks. Ja Isand tegi kõvaks vaarao, Egiptuse kuninga südame, ning too ajas taga Iisraeli lapsi; Iisraeli lapsed aga olid välja läinud ülestõstetud käe kaitsel (2. Moosese raamat 14:6-8).

Pärast esmasündinute surma oli piisavalt hea Jumalale alistuda, aga ta kahetses varsti, et oli Iisraeli lastel minna lasknud. Ta võttis oma sõjaväe ja hakkas neid taga ajama. Sellest võib näha, kui paadunud ja salakaval võis inimsüda olla. Lõpuks Jumal ei andestanud talle ja tal ei jäänud muud üle kui lasta egiptlastel surra Punases meres.

Aga Isand ütles Moosesele: „Siruta oma käsi välja mere kohale, et vesi tuleks tagasi egiptlaste, nende sõjavankrite ja ratsanike peale!" Ja Mooses sirutas oma käe välja mere kohale ning koiduajal meri pöördus tagasi oma paika, egiptlased aga põgenesid sellele vastu; ja Isand paiskas egiptlased keset merd. Ja vesi tuli tagasi ning kattis sõjavankrid ja ratsanikud, kogu vaarao sõjaväe, kes oli tulnud neile merre järele; ei jäänud neist üle ühtainsatki (2. Moosese raamat 14:26-28).

Ka tänapäeval paluvad kurjad inimesed omale uut võimalust kui nad on raskes olukorras. Aga kui neile tegelikult antakse uus võimalus, naasevad nad taas oma kurja juurde. Kui kurjus jätkub niimoodi, seisavad nad lõpuks surmaga silmitsi.

Sõnakuulmatu elu ja sõnakuulelik elu

Me peame selgelt aru saama ühest tähtsast asjast; kui me oleme valesti teinud ja saame sellest aru, ei tohiks me kurjale kurja lisada, vaid peaksime õigsuse teed mööda minema.

1. Peetruse 5:8-9 öeldakse: *„Olge kained, valvake! Teie süüdistaja, kurat, käib ringi nagu möirgav lõvi, otsides, keda neelata. Tema vastu seiske kindlalt usus, teades, et neidsamu kannatusi on pandud kogema kogu kristlaskond maailmas."*

1. Johannese 5:18 öeldakse ka: *„Me teame, et ükski, kes on sündinud Jumalast, ei tee pattu, sest Jumalastsünnitatu hoiab ennast ja kuri ei puuduta teda."*

Seega, kui me ei tee pattu, vaid elame täiesti Jumala Sõna alusel, kaitseb Jumal meid oma lõõmavate silmadega, et me ei peaks mitte millegi pärast muret tundma.

Me võime näha, kuidas meid ümbritsevad inimesed sattuvad paljudesse õnnetustesse, aga nad ei saa isegi aru, miks nad sattuvad paljudesse raskustesse. Me võime näha ka, et mõnedel usklikel on palju raskusi.

Mõne elus on vere või sääskede nuhtlus, teistel rahe või rohutirtsude nuhtlus. On ka neid, kelle elus on esmasündinu surma nuhtlus ja lisaks kogevad nad veematuse nuhtlust.

Tollepärast me ei peaks elama sõnakuulmatult nagu vaarao, vaid sõnakuulelikult, et meid ei tabaks veel rohkem nuhtlusi.

Isegi kui me oleme olukorras, kus me ei saa esmasündinu surma nuhtlust ega pimeduse nuhtlust vältida, võime me andeks saada kui me praegu meelt parandame ja patust pöördume. Kui me viivitame aga edasi ja ei pöördu, saabub aeg, mil seda teha on liiga hilja, nii nagu juhtus Punasesse merre maetud Egiptuse sõjaväega.

Sõnakuulelikust elust

Ja kui sa tõesti kuulad Isanda, oma Jumala häält ja pead hoolsasti kõiki Tema käske, mis ma täna sulle annan, siis tõstab sind Isand, su Jumal, kõrgemaks kõigist rahvaist maa peal. Ja kõik need õnnistused saavad sulle osaks ja tabavad sind, kui sa võtad kuulda Isanda, oma Jumala häält. Õnnistatud oled sa linnas ja õnnistatud oled sa väljal. Õnnistatud on su ihuvili, su maapinna saak, su karja juurdekasv, su veiste vasikad ning su lammaste ja kitsede talled. Õnnistatud on su korv ja su leivaküna. Õnnistatud oled sa tulles ja õnnistatud oled sa minnes (5. Moosese raamat 28:1-6).

7. peatükk

Paasapüha ja pääsemise tee

2. Moosese raamat 12:1-28

Ja Isand rääkis Moosese ja Aaroniga Egiptusemaal, öeldes: „See kuu olgu teil esimeseks kuuks; see olgu teil aasta esimeseks kuuks. Rääkige kogu Iisraeli kogudusega ja öelge: Selle kuu kümnendal päeval võtku iga perevanem tall, igale perele tall" (1-3).

„Säilitage see enestele kuni selle kuu neljateistkümnenda päevani; siis kogu Iisraeli kogunenud kogudus tapku see õhtul! Ja nad võtku verd ning võidku ukse mõlemat piitjalga ja pealispuud kodades, kus nad seda söövad. Ja nad söögu liha selsamal ööl; tulel küpsetatult koos hapnemata leiva ja kibedate rohttaimedega söögu nad seda! Te ei tohi seda süüa toorelt või vees keedetult, vaid ainult tulel küpsetatult pea, jalgade ja sisikonnaga. Te ei tohi sellest midagi üle jätta hommikuks; mis aga sellest hommikuks üle jääb, põletage tulega! Ja sööge seda nõnda: teil olgu vöö vööl, jalatsid jalas ja kepp käes; ja sööge seda rutuga – see on paasatall Isanda auks!" (6-11).

Selle hetkeni võis näha, et vaarao ja ta sulased jätkasid Jumala Sõnale sõnakuulmatut elu.

Seetõttu oli kogu Egiptusemaal väikeseid nuhtlusi. Kui nad jätkasid sõnakuulmatut elu, tabasid neid paljud haigused, nad kaotasid vara ja lõpuks kaotasid nad oma elu.

Sellele vastandatult, isegi kui Iisraeli valitud rahvas elas samal Egiptusemaal, ei kannatanud nad ühegi nuhtluse tõttu.

Kui Jumal lõi egiptlasi viimase nuhtlusega, ei kaotanud iisraellaste seast keegi oma elu, kuna Jumal lasi Iisraeli lastel teada pääsemise teed.

See ei kehti ainult Iisraeli laste kohta mitme tuhande aasta eest, vaid samamoodi kehtib see ka tänapäeval meie kohta.

Esmasündinute surma nuhtluse vältimine

Enne Egiptuse esmasündinute surma nuhtlust ütles Jumal Iisraeli lastele, kuidas nuhtlust vältida.

Rääkige kogu Iisraeli kogudusega ja öelge: „Selle kuu kümnendal päeval võtku iga perevanem tall, igale perele tall" (2. Moosese raamat 12:3).

Verenuhtlusest pimeduse nuhtluseni kaitses Jumal oma väega Iisraeli lapsi, isegi kui nad ise selleks midagi ei teinud. Aga enne viimast nuhtlust tahtis Jumal Iisraeli lastelt sõnakuulelikkuse tegu.

Nad pidid võtma talle ja panema ukse piitjalgadele ja pealispuule verd ja sööma tulel küpsetatud talle oma kojas. See oli märk, mis eristas Jumala rahvast kui Jumal tappis kõik Egiptuse inimeste ja loomade esmasündinud.

Juudid pühitsevad tänaseni paasapüha, mil nad pääsesid, kuna viimane nuhtlus läks üle kodade, millel oli talle veri.

Tänapäeval on paasapüha juutide suurim püha. Nad söövad selle päeva pühitsemiseks talle, hapnemata leiba ja kibedaid rohttaimi. 8. peatükis selgitatakse toda täpsemalt.

Võtke tall

Jumal ütles, et nad võtaksid talle, sest tall kujutas vaimselt Jeesust Kristust.

Tavaliselt kutsutakse Jumalasse uskujaid Tema „talledeks." Paljud arvavad, et „tall" on „vastpöördunu", aga Piiblist võib näha, et „Tall" tähistab Jeesus Kristust.

Johannese 1:29 ütles Ristija Johannes Jeesusele osutades: *„Vaata, see on Jumala Tall, kes kannab ära maailma patu!"* 1. Peetruse 1:18-19 öeldakse: *„Teid pole lunastatud kaduvate asjadega, hõbeda või kullaga, teie tühisest esiisadelt päritud eluviisist, vaid Kristuse kui laitmatu ja puhta Talle kalli verega."*

Jeesuse iseloom ja teod meenutavad meile tasast talle. Matteuse 12:19-20 öeldakse ka: *„Ta ei riidle ega kisenda ega*

kuule tänavail keegi Ta häält, rudjutud roogu ei murra Ta katki ja hõõguvat tahti ei kustuta Ta ära, kuni Ta on õigusele võidu saatnud, ja paganad loodavad Tema nime peale."
Nii nagu lammas kuuleb üksnes karjase häält ja järgneb talle, kuuletus Jeesus Jumalale vaid „Jah" ja „Aamen" öeldes (Johannese ilmutus 3:14). Ta tahtis ristisurmani Jumala tahet teha (Luuka 22:42).
Lammas annab pehmet villa, väga toitvat piima ja liha. Samamoodi anti Jeesus lepitusohvriks, et meid Jumalaga lepitada kui Ta valas ristil kogu oma vee ja vere.

Seega, paljudes kohtades Piiblis samastatakse Jeesus Tallega. Kui Jumal andis Iisraeli rahvale paasapüha pidamise juhtnöörid, rääkis Ta neile ka üksikasjalikult, kuidas tallest osa saada.

Aga kui pere on talle jaoks väike, siis võtku tema ja ta naaber, kes ta kojale on lähemal, vastavalt hingede arvule; kui palju igaüks jõuab süüa, sellele vastavalt arvake neid talle kohta (2. Moosese raamat 12:4-5).

Kui pere oli liiga vaene või peres polnud terve talle söömiseks piisavalt perekonnaliikmeid, võisid nad võtta ühe talle kas lammaste või kitsede seast ja seda naabriperega jagada. Me võime tunda kaastundest tulvil Jumala tundlikku armastust.
Jumal ütles, et nad võtaksid üheaastase veatu isastalle, kuna selle liha on sel ajal kõige hõrgum, sest see pole veel paaritunud. Samamoodi, nii nagu inimeste puhul, on noorus kõige ilusam ja

puhtam aeg.

Kuna Jumal on püha ja veatu ning plekita, ütles Ta, et nad võtaksid talle selle kõige ilusamal ajal, üheaastaselt.

Kasutage verd ja ärge väljuge hommikuni

Jumal ütles, et nad võtaksid talle vastavalt pereliikmete arvule. 2. Moosese raamatus 12:6 me saame teda, et lammast ei tulnud kohe tappa, vaid seda tuli teha õhtul, pärast neljapäevast hoidmist. Jumal andis neile ettevalmistusaja, et nad võisid siira südamega seda teha.

Miks Jumal ütles, et see tuli õhtul tappa?

Inimarengut, mis algas Aadama sõnakuulmatusest, võib üldjoontes kolmeks jaotada. Aadamist Aabrahamini kulus umbes 2000 aastat ja see ajavahemik on inimarengu algusstaadium. Ühe päevaga võrreldes on tegu hommikuga.

Pärast seda määras Jumal Aabrahami usuisaks ja Aabrahami ajast Jeesuse maaletuleku ajani kulus samuti umbes 2000 aastat. See on nagu päevaaeg.

Jeesuse maa peale tuleku ajast tänapäevani on samuti kulunud umbes 2000 aastat. See on inimarengu lõpuaeg ja päeva videvikuaeg (1. Johannese 2:18; Juuda 1:18; Heebrealastele 1:2; 1. Peetruse 1:5; 20).

Aeg, mil Jeesus tuli maa peale ja lunastas meid oma

ristisurmaga meie pattudest, kuulub inimarengu lõpuaega ja sellepärast Jumal ütles neile, et nad tapaksid talle videvikul ja mitte päevaajal.

Siis pidid nad talle vere võtma ja võidma ukse mõlemat piitjalga ja pealispuud (2. Moosese raamat 12:7). Talle veri tähistab vaimselt Jeesuse Kristuse verd. Jumal ütles, et nad paneksid vere ukse kahe piitjala ja pealispuu peale, sest me pääseme Jeesuse Kristuse vere kaudu. Jeesus lunastas meid pattudest ja päästis meie elu verevalamise ja ristisurmaga; see on vaimne tähendus, millele viidatakse.

Kuna meid lunastab pattudest püha veri, ei tulnud verd panna mitte ukselävele, mille peale inimesed astuvad, vaid üksnes ukse piitjalgadele ja pealispuule.

Jeesus ütles: *„Mina olen uks. Kes iganes läheb sisse minu kaudu, see pääseb ning käib sisse ja välja ning leiab karjamaad"* (Johannese 10:9). Nii nagu öeldud, esmasündinu surma nuhtluse ööl tabas surm kõiki kodasid, mille kohal ei olnud verd, aga need kojad, mille üle oli veri, pääsesid surmast.

Aga isegi kui inimesed kasutasid talle verd, ei pääsenud nad ikkagi, kui nad läksid uksest välja (2. Moosese raamat 12:22). Uksest väljaminek tähendas, et neil polnud Jumala lepinguga midagi ühist ja neid pidi tabama esmasündinu surma nuhtlus.

Vaimselt tähistab uksest väljas olek pimedust, millel pole Jumalaga midagi ühist. See on ebatõe maailm. Samamoodi on tänapäeval, me ei pääse kui me Ta jätame, isegi kui me oleme Isanda vastu võtnud.

Küpsetage tall ja sööge kõik ära

Egiptlaste kodasid tabas surm ja neist kuuldus valju hädahüüdu. Alates vaaraost, kes ei kartnud Jumalat üldse ka pärast egiptlastele tehtud paljusid Jumala väetegusid, vallandus keset öövaikust vali hädahüüd.

Aga Iisraeli lapsed ei läinud hommikuni välja. Nad sõid lihtsalt talle, nii nagu Jumal oli öelnud. Miks nad pidid talle liha sööma hilja öösel? Sellel on sügav vaimne tähendus.

Enne kui Aadam sõi hea ja kurja tundmise puust, elas ta valguse Jumala valitsuse all, aga temast sai patu teener sõnakuulmatusest ja puust söömisest alates. Selle tõttu läks kogu ta järeltulev sugu, kogu inimkond, pimeduse valitseja vaenlase kuradi ja saatana valitsuse alla. Seega, see maailm pärineb pimedusest ehk ööst.

Nii nagu Iisraeli lapsed pidid talle sööma hilja öösel, peame meie, kes me elame vaimselt selles pimeduse maailmas, sööma pääsemiseks Inimese Poja liha, mis on valguse Jumala Sõna ja jooma Tema verd. Jumal ütles neile üksikasjalikult, kuidas nad pidid talle sööma. Nad pidid seda sööma tulel küpsetatult koos hapnemata leiva ja kibedate rohttaimedega (2. Moosese raamat 12:8).

Pärm on teatud liiki seen, mida kasutatakse leivataigna kergitamiseks ja see paneb toidu käärima, et seda maitsvamaks ja pehmemaks teha. Hapnemata taignast leib ei ole nii maitsev kui haputaignast tehtud leib.

Kuna rahvas oli meeleheitlikus olukorras ja tegu oli elu ja surma küsimusega, lasi Jumal neil süüa talle vähem maitsva hapnemata leiva ja kibedate rohttaimedega, et see päev neile meelde jääks.

Pärm tähistab vaimses mõttes ka patte ja kurjust. Seega „pärmitaignata tehtud hapnemata leiva söömine" tähendab sümboolselt, et me peame hinge täielikuks pääsemiseks pattudest ja kurjast vabanema.

Ja Jumal ütles, et nad ei sööks talle toorelt ega vees keedetult, vaid ainult tulel küpsetatult pea, jalgade ja sisikonnaga (2. Moosese raamat 12:9).

Siin tähendab „toorelt söömine" Jumala kallihinnalise Sõna sõnasõnalist tõlgendust.

Näiteks Matteuse 6:6 öeldakse: *„Aga sina, kui sa palvetad, siis mine oma kambrisse ja lukusta uks, palveta oma Isa poole, kes on varjatud, ja su Isa, kes näeb varjatutki, tasub sulle!"*
Kui me tõlgendame seda sõnasõnaliselt, peaksime me minema kambrisse, ukse lukustama ja siis palvetama. Aga me ei näe kusagil Piiblis, et keegi palvetaks kambris lukustatud ukse taga.

Vaimselt tähendab „kambrisse minek ja seal palvetamine", et me ei peaks niisama uitmõtteid heietama, vaid kogu südamest palvetama.

Kui me toorest liha sööme, võime me saada parasiitnakkuse või kõhuvalu. Kui me Jumala Sõna sõnasõnaliselt tõlgendame, võime me asjadest valesti aru saada ja see tekitab probleeme. Seega ei ole meil vaimset usku ning me liigume seetõttu pääsemisest veelgi kaugemale.

„Vees keetmine" tähendab „Jumala Sõnale filosoofia, teaduse, arstiteaduse või inimlike arvamuste lisamist." Kui liha vees keeta, tuleb lihas olev mahl välja ja see tekitab suurt toitainete kadu. Samamoodi, kui selle maailma teadmised tõesõnale lisada, võib saada mingil määral teadmisteusku, aga mitte vaimset usku. Seega, see ei vii meid hinge pääsemisele.

Mida tähendab siis talle tulel küpsetamine?
Siin tähistab „tuli" „Püha Vaimu tuld." Jumala Sõna pandi nimelt Püha Vaimu sisendusel kirja ja seega kui me seda kuuleme ja selle alusel teeme, peame me seda tegema Püha Vaimu täiuse ja sisenduse raames. Vastasel juhul saab sellest vaid teadmiste killuke ja me ei saa seda vaimse leivana võtta.

Jumala Sõna tulel küpsetatult söömiseks on meil vaja tuliseid palveid. Palve on nagu õli ja see on meile Püha Vaimu täiuse andmise allikas. Kui me manustame Jumala Sõna Püha Vaimu sisendusel, maitseb see magusam kui mesi. See tähendab, et me kuuleme seda Sõna januneva südamega nagu hirv, kes ihaldab veeojasid. Seega me tunneme, et Jumala Sõna kuulmise aeg on väga väärtuslik ja see ei tundu meile iialgi igav.

Kui me kuuleme Jumala Sõna ja kasutame inimmõtteid või oma kogemusi ja teadmisi, ei pruugi me paljust aru saada.

Näiteks Jumal ütleb, et me pööraks teise põse ette kui keegi lööb meid ühele põsele ja et me annaksime ka oma kuue kui keegi tahab, et me oma särgi talle loovutaksime ning et me läheksime kaks miili kui keegi sunnib meid endaga miili kaasa minema. Paljud inimesed peavad ka kättemaksu õigeks, aga Jumal ütleb, et me armastaksime isegi oma vaenlasi, alanduksime ja teeniksime teisi (Matteuse 5:39-44).

Sellepärast tuleb meil kõik oma mõtted lammutada ja Jumala Sõnasse vaid Püha Vaimu sisendusega suhtuda. Ainult siis saab Jumala Sõna meie jaoks eluks ja jõuks ning me suudame vabaneda ebatõest ja meid juhatatakse igavese elu teele.

Tulel küpsetatud liha maitseb üldiselt paremini ja küpsetamine aitab nakkust takistada. Samamoodi ei saa vaenlane kurat ja saatan teha oma tööd nende kallal, kes võtavad Jumala Sõna vaimselt, tundes, et see on magusam kui mesi.

Jumal ütles neile ka, et nad sööksid pea, jalad ja sisikonna. See tähendab, et me peaksime Piibli kuuekümne kuuest raamatust toidust võtma, ühtegi neist kõrvale jätmata.

Piiblis räägitakse loomise algusest ja inimarengu ettehooldest. Seal on kirjas ka tee, kuidas Jumala tõeliseks lapseks saada. Sinna on kirja pandud aegade algusest varjul olnud pääsemise ettehoole. Piiblis on kirjas Jumala tahe.

Seega „pea, jalgade ja sisikonna" ärasöömine tähendab, et me peaksime toituma kogu Piiblist, alates 1. Moosese raamatust kuni Johannese ilmutuse raamatuni.

Ärge jätke midagi hommikuks, sööge kiiresti

Iisraeli lapsed sõid kodus tulel küpsetatud talle ja nad ei jätnud sellest hommikuks midagi alles, sest 2. Moosese raamatus 12:10 öeldakse: *„Te ei tohi sellest midagi üle jätta hommikuks; mis aga sellest hommikuks üle jääb, põletage tulega!"*

„Hommik" on pimeduse minek ja valguse tulek. Vaimselt tähendab see Isanda teise tuleku aega. Kui Ta naaseb, ei ole meil enam aega oma õli lampi koguda (Matteuse 25:1-13) ja seega me peaksime enne Isanda Jeesuse naasmist Jumala Sõna usinalt uurima ja ellu rakendama.

Inimesed elavad samuti vaid seitsekümmend või kaheksakümmend aastat ja me ei tea, millal meie elu lõpeb. Seega me peame Jumala Sõna kogu aeg usinalt enesesse võtma.

Iisraeli lapsed pidid pärast esmasündinute surma nuhtlust Egiptusemaalt lahkuma ja sellepärast Jumal käskis neil kiiresti süüa.

Ja sööge seda nõnda: teil olgu vöö vööl, jalatsid jalas ja kepp käes; ja sööge seda rutuga – see on paasatall Isanda auks! (2. Moosese raamat 12:11).

See tähendab, et nad pidid olema valmis lahkuma, neil olid riided seljas ja kingad jalas. Vöö vööl ja jalatsid jalas tähendas, et nad pidid olema täiesti minekuvalmis.

Meiegi peame olema alati valvel ja valmis, et selles Egiptuse laadses valudest nuheldud maailmas Jeesuse Kristuse läbi pääseda ja tõotatud Kaananimaa laadsesse taevariiki minna. Jumal ütles neile ka, et neil oleks kepp käes ning „kepp" sümboliseerib vaimselt „usku." Meil on kepi abil ohutum ja lihtsam käia või mäkke ronida ja me ei kuku. Moosesele anti kepp, sest Mooses ei olnud oma südamesse veel Püha Vaimu saanud. Jumal andis Moosesele kepi, mis tähistas vaimselt usku. Niimoodi võisid Iisraeli lapsed kogeda füüsiliselt silmaga nähtava kepi kaudu Jumala väge ja Ta võis 2. Moosese raamatus kirjeldatud teod Egiptusest alates teoks teha.

Meil peab ka tänapäeval igavesse taevariiki minekuks olema vaimne usk. Me pääseme vaid usu läbi Isandasse Jeesusesse Kristusesse, kes oli patuta ja suri ristil ning äratati taas ellu. Me võime aga täielikult pääseda ainult siis kui me rakendame Jumala Sõna oma ellu ja sööme Isanda liha ja joome Tema verd.

Pealegi, nüüd on Isanda tagasituleku aeg väga lähedal. Seega me peame Jumala Sõnale kuuletuma ja tuliselt palvetama, et me jääks pimedusejõudude vastu peetud lahingutes alati peale.

Seepärast võtke kätte kõik Jumala sõjavarustus, et te suudaksite vastu panna kurjal päeval ja jääda püsima, kui te olete kõik teinud. Seiske nüüd ja teie niuded olgu vöötatud tõega ja teil olgu seljas õiguse soomusrüü ja teie jalgades olgu valmidus minna kuulutama rõõmusõnumit rahust. Kõigepealt võtke kätte usukilp, millega te võite kustutada kõik kurja põlevad nooled! Võtke ka päästekiiver ja vaimumõõk, see on Jumala Sõna! (Efeslastele 6:13-17).

8. peatükk

Ümberlõikamine ja armulaud

2. Moosese raamat 12:43-51

Ja Isand ütles Moosesele ja Aaronile: „See on paasatalle seadlus: ükski võõras ei tohi seda süüa!" (43).

Aga ükski ümberlõikamatu ei tohi seda süüa! (48).

„Seadlus on üks päriselanikule ja muulasele, kes võõrana teie keskel elab" (49).

Ja just selsamal päeval viis Isand Iisraeli lapsed väehulkadena Egiptusemaalt välja (51).

Paasapüha on maailmas kõige kauem peetud püha. Seda on peetud rohkem kui 3500 järjestikuse aasta jooksul. Paasapüha pani aluse Iisraeli riigi rajamisele.

Paasapüha on heebrea keeles פסח (Pesach) ja see tähendab, nii nagu selle nimi ütleb (ingl. k. Passover: to pass over – vahele jätma, tähele panemata jätma), millestki üle minekut või millegi andestamist. See tähendab, et pimeduse vari läks üle Iisraeli kodade, mille piitjalad ja ukse pealispuu olid kaetud talle verega kui Egiptusemaad tabas esmasündinu surma nuhtlus.

Iisraelis puhastatakse tänapäevalgi paasapüha ajal kodasid ja eemaldatakse kodust igasugune haputaigen. Ka väikesed lapsed otsivad oma voodialused läbi ja vaatavad taskulambiga mööbli taha, et seal poleks mingisuguseid pärmisisaldusega suupisteid ega leiba ja koristavad puru ära. Samuti sööb iga leibkond paasapüha seadmiste kohaselt. Perepea meenutab paasapüha ja pere pühitseb 2. Moosese raamatus kirjutatu alusel.

„Miks me sööme täna õhtul Matzo't (hapnemata leiba)?"

„Miks me sööme täna õhtul Maror'i (kibedaid rohttaimi)?"

„Miks me sööme peterselli, seda kaks korda soolavette kastes? Miks me sööme kibedaid rohttaimi Harosheth'iga (punast värvi moos, mis sümboliseerib Egiptusemaal telliste tegemist)?"

„Miks me lõõgastume ja sööme paasapüha rooga?"

Tseremooniajuht selgitab, et nad pidid sööma hapnemata leiba, kuna nad pidid kiiresti Egiptusest lahkuma. Ta selgitab ka, et kibedaid rohttaimi söödi Egiptuse orjapõlve meenutamiseks ja soolavette kastetud peterselli söödi Egiptuses valatud pisarate meenutamiseks.

Aga nüüd, sellest ajast peale kui isad said orjusest vabaks, söövad nad lõõgastunult, väljendades oma vabadust ja rõõmu, et nad saavad süües tahapoole nõjatuda. Ja kui juht räägib lugusid Egiptuse kümnest nuhtlusest, hoiab iga pereliige veidi veini suus ja sülitab eraldi kausikesse, mil iganes mingi nuhtluse nime mainitakse.

Paasapüha toimus 3500 aasta eest, aga paasapüha toidu kaudu saavad ka lapsed kogeda tänapäeval 2. Moosese raamatus jäädvustatut. Juudid peavad ka tänapäeval toda püha, mille Jumal seadis tuhandete aastate eest sisse.

Selles peitub diasporaa jõud ehk jõud kogu maailma laiali pillutatud juutide naasmiseks ja oma maa taastamiseks.

Paasapühast osa saajate tingimused

Ööl, mil Egiptust tabas esmasündinute surma nuhtlus, pääsesid iisraellased surmast, kuna nad kuuletusid Jumala Sõnale. Aga paasapühast osa saamiseks pidid nad vastama teatud tingimusele.

Ja Isand ütles Moosesele ja Aaronile: „See on paasatalle seadlus: ükski võõras ei tohi seda süüa! Aga raha eest ostetud iga sulane võib seda süüa siis, kui oled tema ümber lõiganud. Majaline ja palgaline ärgu seda söögu! Ühes ja samas kojas tuleb seda süüa, lihast ei tohi midagi viia kojast välja õue, ja luid ei tohi sellel murda! Kogu Iisraeli kogudus pidagu seda! Ja kui su juures viibib mõni võõras ning tahab valmistada Isandale paasatalle, siis tuleb kõik ta meesterahvad ümber lõigata; alles siis tohib ta ligi tulla seda valmistama ja on nagu maa päriselanik; aga ükski ümberlõikamatu ei tohi seda süüa!" (2. Moosese raamat 12:43-49).

Ainult ümberlõigatud võisid süüa paasapüha rooga, sest ümberlõikus on eluliselt tähtis ja vaimselt pääsemisega seotud.

Ümberlõikuse käigus eemaldatakse peenise eesnahk kas osaliselt või täielikult ja seda tehakse kõigile Iisraeli rahva poisslastest imikutele kaheksandal päeval pärast nende sündi.

1. Moosese raamatus 17:9-10 öeldakse: *„Ja Jumal ütles Aabrahamile: „Ja sina pead mu lepingut pidama, sina ja su sugu pärast sind põlvest põlve. See on minu leping minu ja teie ning sinu soo vahel pärast sind, mida te peate pidama: kõik meesterahvad tuleb teil ümber lõigata!""*

Kui Jumal tegi usuisa Aabrahamiga oma õnnistuse lepingu, ütles Ta, et ta teostaks lepingu tähisena ümberlõikuse. Ümberlõikamatud ei saanud õnnistuste osaliseks.

Te peate oma eesnaha liha ümber lõikama ja see olgu minu ja teie vahelise lepingu märgiks. Kaheksapäevastena tuleb teil ümber lõigata kõik teie meesterahvad põlvkondade viisi, olgu peres sündinud, olgu raha eest ostetud ükskõik missuguselt võõralt, kes sinu soost ei ole, kindlasti tuleb ümber lõigata niihästi su peres sündinu kui su raha eest ostetu. Minu leping peab teie ihu küljes olema igavese lepinguna! Aga eesnahaga meesterahvas, kelle eesnaha liha ei ole ümber lõigatud, tuleb hävitada oma rahva seast: ta on tühistanud minu lepingu! (1. Moosese raamat 17:11-14).

Miks siis Jumal käskis neil kaheksandal päeval ümberlõikust teostada?

Kui laps on pärast üheksat kuud emaüsas viibimist äsja sündinud, ei ole tal lihtne kogu teda ümbritsevaga kohanduda, sest ta on väga erinevas keskkonnas. Rakud on veel nõrgad, aga seitse päeva hiljem on nad uue keskkonnaga harjunud, aga pole siiski veel väga aktiivsed.

Kui eesnahk sel ajal eemaldada, on valu minimaalne ja haav kasvab väga kiiresti kinni. Aga pärast täiskasvanuks saamist on eesnahk kõva ja siis on ümberlõikus väga valus.

Jumal pani Iisraeli lapsed kaheksandal päeval pärast sündi ümberlõikust sooritama, et see oleks tervishoiu- ja kasvuküsimust arvestades parim ning tegi sellest samaaegselt oma lepingu tähise.

Ümberlõikus – otseselt eluline küsimus

2. Moosese raamatus 4:24-26 öeldakse: *"Aga kui ta oli teel öömajale, tuli Isand temale vastu ja püüdis teda surmata. Siis Sippora võttis kivinoa ja lõikas ära oma poja eesnaha, puudutas sellega ta häbet ning ütles: "Sa oled tõesti mu verepeigmees!" Siis see jättis tema rahule; sel ajal öeldi verepeigmees ümberlõikamise tähenduses."*

Miks Jumal tahtis Moosest tappa?

Sellest võib aru saada kui mõista Moosese sündi ja kasvamist. Sel ajal anti iisraellaste täielikuks hävitamiseks käsk tappa kõik vastsündinud heebrea poisslapsed.

Moosese ema peitis teda sel ajal. Lõpuks pani ta lapse punutud korvi sisse ja jättis ta Niiluse kaldale. Jumala ettehoolde tõttu märkas teda Egiptuse printsess ja ka temast sai prints, sest printsess lapsendas ta. Sellepärast ta ei olnud ümberlõikamiseks vajalikus seisundis.

Kuigi teda kutsuti 2. Moosese raamatus juhiks, polnud ta veel ümber lõigatud. Sellepärast tahtis Jumala ingel teda tappa. Samamoodi on ümberlõikus otseselt eluga seotud; ümberlõikamatul pole Jumalaga midagi ühist.

Heebrealastele 10:1 öeldakse: *"Et Moosese Seadus on vaid tulevaste hüvede vari, mitte nende hüvede täiskuju"* ja seadus tähistab siin Vana Testamenti ja "tulevased hüved" Uut Testamenti, nimelt Jeesuse Kristuse kaudu tulnud häid sõnumeid.

Vari ja esialgne kujutis on ühtsed ja ei saa eraldi olemas olla. Seega, Jumala Vana Testamendi ajal antud ümberlõikuse käsk, mis määras, et ümberlõigatud jumalarahvas tuli ümberlõikamata rahvast eraldada, kehtib täna ka meie kohta samamoodi.

Aga Vanast Testamendist erinevalt ei pea me täna läbima füüsilist ümberlõikust, vaid vaimset – oma südame ümberlõikust.

Füüsiline ümberlõikus ja südame ümberlõikus

Roomlastele 2:28-29 öeldakse: *"Ja nii nagu nad ei ole hoolinud Jumala tunnetusest, nõnda on Jumal nad andnud kõlbmatu mõtteviisi kätte, tegema seda, mis on väär; nad on tulvil igasugust ülekohut, kurjust, ahnust ja tigedust, täis kadedust, tapmist, riidu, kavalust, kiuslikkust, nad on keelekandjad."* Füüsiline ümberlõikus on lihtsalt vari ja Uue Testamendi algkuju on südame ümberlõikus, mis annab meie hinge pääsemise.

Vana Testamendi ajal ei saanud inimesed Püha Vaimu ja nad ei saanud oma südames olevatest ebatõdedest vabaneda. Seega nad näitasid füüsilise ümberlõikuse kaudu, et nad kuulusid Jumalale. Aga Uue Testamendi ajal, kui me võtame Jeesuse Kristuse vastu, tuleb Püha Vaim meie südamesse ja Ta aitab meid elada tõe kohaselt, et me võiksime oma südames olevatest ebatõdedest vabaneda.

Niisugune südame ümberlõikus tähendab Vana Testamendi

ihulise ümberlõikuse käsu järgimist. See on ka paasapüha pidamise viis.

Laske endid ümber lõigata Isandale ja kõrvaldage oma südamete eesnahad (Jeremija 4:4).

Mida tähendab südame eesnaha kõrvaldamine? See tähendab kinnipidamist kõigest, mida Jumal meid teha käsib ning teatud asjade mitte tegemist või teatud asjadest kinnipidamist või vabanemist.

Me lihtsalt ei tee teatud asju, mida Jumal keelab meil teha, nagu näiteks: „Ärge vihake, ärge mõistke kohut, ärge mõistke teisi hukka ja ärge rikkuge abielu." Me vabaneme samuti asjadest ja peame asju, mida Ta käsib, nagu näiteks: „Vabanege igasugusest kurjast, pidage hingamispäeva, pidage Jumala käske."

Samuti me teeme lihtsalt seda, mida Ta käsib: „Kuuluta evangeeliumi, palveta, andesta, armasta jne." Nii tehes ajame me oma südamest minema igasuguse ebatõe, kurjuse, ebaõigluse, seadusetuse ja pimeduse, et me süda võiks olla puhas ja täidame siis selle tõega.

Südame ümberlõikus ja täielik pääsemine

Moosese ajal seati iisraellaste jaoks sisse paasapüha, et vältida esmasündinu surma enne väljarännet. Tollepärast see ei tähenda, et keegi pääseks igaveseks lihtsalt paasapühast osa saades.

Kui kõik Egiptusest välja tulnud iisraellased oleksid paasapüha pidamise kaudu igaveseks pääsenud, oleksid nad kõik läinud Kaananimaale – maale, mis voolas piima ja mett.

Aga tegelikkuses ei näidanud täiskasvanud, peale Joosua ja Kaalebi, kes olid väljarände ajal üle kahekümne aasta vanused, üles usku ega sõnakuulelikkuse tegusid. Nad olid sugupõlv, kes pidi nelikümmend aastat kõrbes olema ja seal surema, ilma õnnistatud Kaananimaad nägemata.

Tänapäeval on samamoodi. Isegi kui me oleme Jeesuse Kristuse vastu võtnud ja jumalalasteks saanud, ei ole miski igaveseks täielikult garanteeritud. See tähendab lihtsalt, et me sisenesime pääsemise piirialale.

Seega, samamoodi nagu iisraellastele oli Kaananimaale minekuks vaja nelikümmend aastat kestnud katsumusi, peame meie püsivaks pääsemiseks läbima Jumala Sõna kaudu ümberlõikamise protsessi.

Kui me võtame Jeesuse Kristuse oma Päästjaks vastu, antakse meile Püha Vaim. Aga „Püha Vaimu vastuvõtmine" ei tähenda, et meie süda oleks täiesti puhas. Me peame oma südame ümberlõikamist jätkama, kuni me jõuame oma hinge täieliku pääsemiseni. Üksnes siis, kui me lõikame pidevalt oma eluallikat – südant – ümber, jõuame me hinge täielikule pääsemisele.

Südame ümberlõikuse tähtsus

Üksnes siis kui me puhastame Jumala Sõna abil end pattudest ja kurjast ja lõikame need Püha Vaimu mõõga abil oma elust ära, saame me Jumala pühadeks lasteks ja elame õnnetustest vaba elu.

Me peame oma südame ümber lõikama ka vaimsete lahingute võitmiseks. Jumalale kuuluvate headuse vaimude ja kurjade vaimude vahel toimuvad nähtamatus sfääris pidevalt raevukad lahingud.

Efeslastele 6:12 öeldakse: *„Meil ei tule ju võidelda inimestega, vaid meelevaldade ja võimudega, selle pimeduse maailma valitsejatega, kurjade taevaaluste vaimudega."*

Selles vaimses lahingus võitmiseks on meil vaja täiesti puhast südant, kuna vaimumaailmas seisneb vägi patuta olekus. Sellepärast tahab Jumal, et te süda oleks ümber lõigatud ja Ta rääkis meile palju ümberlõikamise tähtsusest.

> *Armsad, kui meie süda ei süüdista, siis on meil julgus Jumala ees ja mida me iganes palume, seda me saame Temalt, sest me peame Tema käske ja teeme, mis on Tema silmis meelepärane* (1. Johannese 3:21-22).

Meil tuleb oma süda ümber lõigata, et saada vastused elus esinevatele küsimustele nagu haigused ja vaesus. Üksnes puhta südamega elades on meil Jumala ees julgus ja me saame igale palvele vastuse.

Paasapüha ja armulaud

Samamoodi saame me paasapühast osa vaid siis kui me oleme ümber lõigatud. See on seotud tänapäevase armulauaga. Paasapüha on püha, mil süüakse talle liha ja armulaud on Jeesuse liha ja verd sümboliseeriva leiva söömine ja veini joomine.

> *Jeesus ütles neile: „Tõesti, tõesti, ma ütlen teile, kui te ei söö Inimese Poja liha ega joo Tema verd, ei ole teie sees elu. Kes minu liha sööb ning minu verd joob, sellel on igavene elu ja mina äratan ta üles viimsel päeval"* (Johannese 6:53-54).

Siin tähistab „Inimese Poeg" Jeesust ja Inimese Poja liha tähistab Piibli kuutkümmend kuut raamatut. Inimese Poja liha söömine tähendab Piiblisse kirjapandud Jumala tõesõna enesesse võtmist.

Samuti, nii nagu me vajame toidu seedimiseks vedelikku, tuleb meil ka Inimese Poja liha süües samal ajal juua, et toitu hästi seedida.

„Inimese Poja vere joomine" tähendab, et me usume Jumala Sõna tõesti ja rakendame seda oma ellu. Kui me Sõna kuuleme ja õpime seda tundma ning ei kasuta seda oma elus, on see meie jaoks kasutu.

Kui me mõistame Piibli kuuekümne kuude raamatusse kirja pandud Jumala Sõna ja kasutame seda oma elus, tuleb meie südamesse tõde, nii nagu toitained imenduvad ihusse. Siis muutuvad patud ja kurjus otsekui väljutamisele kuuluvateks väljaheideteks ja me muutume üha rohkem igavest elu saavate tõeinimeste taoliseks.

Näiteks, kui võtta „armastuse" nimeline toitaine ja seda oma elus rakendada, imendub too sõna toitaine kombel meisse. Sellega vastuolus olevad asjad nagu vihkamine, kadedus ja armukadedus muutuvad otsekui väljutamiseks mõeldud jäätmeteks. Siis saame me täiusliku armastava südame.

Samuti, kui me täidame oma südame rahu ja õigsusega, lahkuvad sealt tülid, vaidlused, lahkmeel, halvakspanu ja ebaõiglus.

Armulauast osasaamise tingimused

Väljarännu ajal võisid ümberlõigatud paasapühast osa saada ja esmasündinu surma vältida. Samamoodi on tänapäeval kui me võtame Jeesuse Kristuse oma Päästjaks vastu ja saame Püha Vaimu, siis oleme me Jumala lapse pitseriga kinnitatud ja meil on õigus armulauast osa saada.

Aga paasapüha oli üksnes esmasündinu surmast pääsemiseks. Rahvas pidi ikkagi täieks pääsemiseks kõrbesse minema. Samamoodi, isegi kui me oleme Püha Vaimu vastu võtnud ja võime armulauast osa saada, tuleb meil ikkagi läbida hinge igavese igavikulise pääsemise protsess. Kuna me tulime Jeesuse Kristuse vastuvõtmise kaudu pääsemise väravasse, tuleb meil oma elus kuuletuda Jumala Sõnale. Meil tuleb liikuda taevariigi ja hinge igavese pääsemise väravate suunas.

Kui me teeme pattu, ei saa me armulauast osa, et Püha Isanda liha süüa ja Ta verd juua. Me peame esiteks oma elu peale vaatama, parandama meelt tehtud pattudest ja oma südame puhtaks tegema, et armulauast osa saada.

Niisiis, kes iial seda leiba sööb või Isanda karikast joob vääritul viisil, on süüdi Isanda ihu ja vere vastu. Inimene katsugu ennast läbi ja alles siis söögu sellest leivast ja joogu sellest karikast. Sest kes sööb ja joob, see sööb ja joob enesele nuhtlust, kui ta ei anna aru sellest ihust (1. Korintlastele 11:27-29).

Mõned ütlevad, et armulauast võivad osa saada vaid veega ristitud. Aga kui me võtame Jeesuse Kristuse vastu, saame me Püha Vaimu anni. Meile kõigile antakse jumalalapseks saamise õigus.

Seega, kui me võtsime Püha Vaimu vastu ja saime Jumala lapseks, võime me pärast pattudest meeleparandust armulauast osa saada ka siis kui meid pole veel veega ristitud.

Armulaua kaudu meenutame me veel kord meie eest ristile läinud ja meie eest oma vere valanud Isanda armu. Meiegi peaksime oma elu peale tagasi vaatama ja Jumala Sõna õppima ning oma ellu rakendama.

1. Korintlastele 11:23-25 öeldakse: *„Sest mina olen Isandalt*

saanud, mida ma olen andnud teilegi: et Isand Jeesus sel ööl, mil Tema ära anti, võttis leiva, tänas, murdis ja ütles: „See on minu ihu, mis teie eest antakse! Tehke seda minu mälestuseks!" Selsamal kombel võttis Ta ka karika pärast õhtusöömaaega ja ütles: „See karikas on uus leping minu veres! Nii sagedasti kui te sellest joote, tehke seda minu mälestuseks!""

Seega, ma julgustan teid mõistma paasapüha ja armulaua tõelist tähendust ja usinalt Isanda liha sööma ja verd jooma, et te võiksite vabaneda igasugusest kurjast ja teie süda saaks täiesti ümber lõigatud.

9. peatükk

Väljaränne ja hapnemata leibade püha

2. Moosese raamat 12:15-17

„Seitse päeva sööge hapnemata leiba; juba esimesel päeval kõrvaldage haputaigen oma kodadest, sest igaüks, kes esimesest päevast seitsmenda päevani sööb hapnenut, selle hing hävitatakse Iisraelist. Esimesel päeval olgu teil pühalik kokkutulek, samuti olgu seitsmendal päeval pühalik kokkutulek: neil päevil ei tohi teha ühtegi tööd, ainult mida iga hing sööb, üksnes seda valmistage! Te peate pidama seda hapnemata leibade püha, sest just sel päeval ma viin teie väehulgad Egiptusemaalt välja; seepärast pidage seda päeva kui igavest seadlust teie sugupõlvedele!"

„Andestame, aga ärme unusta."

See lause on kirjutatud Yad Vashemi holokaustimuuseumi sissepääsule Jeruusalemmas, et mälestada Teises Maailmasõjas natside tapetud kuut miljonit juuti ja et ajaloos sama enam ei korduks.

Iisraeli ajalugu on mälestusi täis. Piiblis ütleb Jumal, et me mäletaksime minevikku, et me peaksime seda meeles ja talletaksime sugupõlvede jooksul.

Pärast seda kui iisraellased pääsesid paasapüha pidamise kaudu esmasündinu surmast ja Jumal oli nad Egiptusemaalt välja toonud, käskis Ta neil hapnemata leibade püha pidada, et nad peaksid igavesti meeles toda päeva, mil nad said Egiptuse orjapõlvest vabaks.

Väljarände vaimne tähendus

Väljarände päev ei olnud vaid vabaks saamise päev, mil Iisraeli rahvas taastus mitme tuhande aasta eest.

„Egiptus", kus iisraellased elasid orjuses, sümboliseerib „seda maailma", mis on vaenlase kuradi ja saatana valitsuse all. Nii nagu Iisraeli rahvast kiusati taga ja koheldi halvasti ajal kui nad olid Egiptuse orjad, kannatavad inimesed vaenlase kuradi ja saatana pealepandud valu ja kurbust kui nad ei tunne Jumalat.

Kui Iisraeli rahvas nägi Moosese läbi sündinud kümmet

nuhtlust, õppisid nad Jumalat tundma. Nad järgisid Moosest, kes viis nad Egiptusest välja, tõotatud Kaananimaale, mille Jumal oli lubanud nende esiisale Aabrahamile.

See on sarnane tänapäeva inimestele, kes elasid Jumalat tundmata, aga võtsid siis Jeesuse Kristuse vastu.

Iisraellaste väljatulekut Egiptusest, kus nad olid orjad, võib võrrelda inimeste vaenlase kuradi ja saatana orjusest väljatulekuga Jeesuse Kristuse vastuvõtmise ja jumalalapseks saamise kaudu.

Samuti ei erine iisraellaste teekond piima ja mett voolavale Kaananimaale usklike usuteekonnast taevariigi poole.

Piima ja mett voolav Kaananimaa

Väljarände käigus ei juhtinud Jumal iisraellasi otse Kaananimaale. Nad pidid rändama kõrbes, kuna sealtkaudu otse Kaananimaale minnes jäi nende tee peale seal elav tugev vilisti rahvas.

Selle maa läbimiseks pidid nad tugevate vilistide vastu sõdima. Jumal teadis seda, aga kui iisraellased seda oleksid teadnud, oleksid usuta inimesed tahtnud Egiptusesse naasta.

Samamoodi ei saa need, kes võtsid Jeesuse Kristuse alles vastu, kohe tõelist usku. Seega, kui nende ees seisab läbikatsumine, mis on sama suur nagu tugev vilisti rahvas ja vilistid, ei pruugi nad seda läbida ja võivad lõpuks usu hüljata.

Sellepärast ütleb Jumal: *"Senini pole teid tabanud muu kui inimlik kiusatus. Aga Jumal on ustav, kes ei luba teid kiusata rohkem, kui te suudate taluda, vaid koos kiusatusega valmistab ka väljapääsu, nii et te suudate taluda"* (1. Korintlastele 10:13).

Nii nagu iisraellased läksid kõrbes Kaananimaani, on meiegi ees usuteekond pärast jumalalapseks saamist, kuni me jõuame taevariiki ehk oma Kaananimaale.

Olgugi et kõrbes oli raske, ei läinud usuga inimesed Egiptusesse tagasi, sest nad ootasid Kaananimaa vabadust, rahu ja küllust, mida nad Egiptuses kogeda ei saanud. Sama kehtib tänapäeval meie kohta.

Isegi kui me peame vahel minema kitsast ja rasket teed pidi, usume me taevariigi ilusasse ausse. Seega, me ei pea usuteed raskeks, vaid võidame Jumala abi ja väega kõik.

Lõpuks alustas Iisraeli rahvas teekonda Kaananimaale, kus voolas piim ja mesi. Nad jätsid seljataha maa, kus nad olid üle neljasaja aasta elanud ja hakkasid Moosese juhtimist järgides usus minema.

Nad võtsid kariloomad kaasa. Teistel olid egiptlastelt saadud riiete, hõbeda ja kulla laadungid. Mõned pakkisid haputaignat, samal ajal kui teised kandsid väikelaste ja vanade eest hoolt. Tohutusuure lahkuma kiirustavate iisraellaste leeri lõppu polnud näha.

Ja Iisraeli lapsed läksid teele Raamsesest Sukkotti, ligi kuussada tuhat jalameest, peale väetite laste. Ja ka hulk segarahvast läks koos nendega, ning lambaid, kitsi ja veiseid väga suur kari. Ja nad küpsetasid taignast, mis nad Egiptusest kaasa olid toonud, hapnemata leivakakkusid; see polnud ju hapnenud, sellepärast et nad Egiptusest välja aeti ja nad ei võinud viivitada, samuti mitte enestele teerooga valmistada (2. Moosese raamat 12:37-39).

Sel päeval oli nende süda täis vabadust, lootust ja pääsemist. Selle päeva pühitsemiseks käskis Jumal neil tähistada hapnemata leibade püha iga sugupõlve eluajal.

Hapnemata leibade püha

Tänapäeval pühitsevad kristlased lihavõttepühi hapnemata leibade pühade asemel. Lihavõttepühasid peetakse, et tänada Jumalat Jeesuse ristilöömise kaudu meie pattude andeksandmise eest. Samuti pühitsetakse seda kui päeva, mil meil sai Tema ülestõusmise kaudu võimalikuks pimedusest väljatulek ja valgusesse minek.

Hapnemata leibade püha on üks Iisraeli kolmest peamisest pühast. See meenutab, kuidas Jumala käsi tõi nad Egiptusest välja. Alates paasapüha ööst, sõid nad hapnemata leiba seitsme päeva jooksul.

Vaarao ei muutnud meelt ka pärast seda kui teda ja egiptlasi tabasid nii paljud nuhtlused. Lõpuks tabas Egiptust esmasündinute surm ja vaarao kaotas ise oma esimesena sündinud poja. Siis kutsus vaarao kiiresti Moosese ja Aaroni ja ütles, et nad lahkuks otsekohe Egiptusest. Seega neil ei olnud leivataigna hapneda laskmiseks aega. Sellepärast nad pidid sööma hapnemata taignast tehtud leiba.

Jumal lasi neil samuti süüa hapnemata taignast tehtud leiba, et kannatuseaeg püsiks neil meeles ja et nad oleksid orjapõlvest vabakssaamise eest tänulikud.

Paasapüha on püha, mil meenutatakse esmasündinute surmast pääsemist. Siis süüakse talleliha, kibedaid rohttaimi ja hapnemata taignast tehtud leiba. Hapnemata leibade pühal meenutatakse, kuidas Egiptusest kiiresti lahkudes söödi nädal aega kõrbes hapnemata leiba.

Tänapäeval võtavad iisraellased kogu nädala vabaks, et pidada paasapüha ning hapnemata leibade püha.

> *Ära söö selle juures mitte midagi hapnenut! Sa pead seitse päeva sööma hapnemata leiba, hädaleiba, sest sa lahkusid Egiptusemaalt rutates! Seepärast mõtle päevale, mil sa lahkusid Egiptusemaalt, kogu oma eluaja!* (5. Moosese raamat 16:3).

Hapnemata leibade püha vaimne tähendus

> *Seitse päeva sööge hapnemata leiba: juba esimesel päeval kõrvaldage haputaigen oma kodadest, sest igaüks, kes esimesest päevast seitsmenda päevani*

sööb hapnenut, selle hing hävitatakse Iisraelist (2. Moosese raamat 12:15).

Siin tähistab „esimene päev" pääsemise päeva. Pärast esmasündinute surmast pääsemist ja Egiptusest väljatulekut, pidid iisraellased seitse päeva hapnemata leibu sööma. Samamoodi peame meie pärast Jeesuse Kristuse vastuvõtmist ja Püha Vaimu saamist oma hinge täielikule pääsemisele jõudmiseks hapnemata leiba vaimselt sööma.

Vaimselt tähendab hapnemata leibade söömine maailma jätmist ja kitsast teed mööda minekut. Pärast Jeesuse Kristuse vastuvõtmist peame me oma hinge täielikuks pääsemiseks alanduma ja minema alandliku südamega kitsast teed mööda.

Hapnemata leiva asemel hapnenud leiva söömine tähendab aga oma soovi kohaselt selle maailma asju taotledes laia ja lihtsat teed mööda minekut. Seda teed mööda mineja ei pääse ilmselgelt. Sellepärast ütles Jumal, et haputaignast tehtud leiva sööjad hävitatakse Iisraelist.

Mida me siis tänapäeval õpime hapnemata leibade pühast?

Esiteks, me peame Jumala armastust ja Jeesuse Kristuse lunastuse kaudu tasuta saadaval oleva pääsemise armu alati meeles pidama ja selle eest tänulikud olema.

Iisraellased mäletavad seitse päeva hapnemata leiba süües Egiptuse orjapõlve ja tänavad Jumalat, kes neid sellest päästis.

Samamoodi peaksime meie, kes me oleme usklikena vaimsed iisraellased, pidama meeles meid igavese elu teele juhatanud Jumala armu ja armastust ja kõige eest tänulikud olema.

Me peaksime meeles pidama päeva kui me Jumalaga kohtusime ja Teda kogesime ja veest ja Vaimust sündimise päeva ja tänama Jumalat, Tema armu meeles pidades. See on sarnane hapnemata leibade püha vaimsel tasemel pühitsemisega. Südames tõesti head inimesed ei unusta kunagi Isanda käest saadud armu. See on inimese kohus ja ilus hea süda teeb niimoodi.

Niisuguse hea südamega ei unusta me kunagi Ta armastust ja armu, hoolimata sellest, kui raske meil mingil teatud ajahetkel ka tunduda võiks, vaid täname Ta armu eest ja rõõmustame alati.

Niimoodi tegi Habakuk, kes tegutses kuningas Joosija valitsusajal, umbes 600 e.m.a.

> *Kuigi viigipuu ei õitse ja viinapuudel pole vilja, õlipuu saak äpardub ja põllud ei anna toidust, lambad ja kitsed kaovad tarast ja veiseid pole karjaaedades, ometi rõõmustan mina Isandas, hõiskan oma pääste Jumalas* (Habakuk 3:17-18).

Tema maa Juuda pidi seisma silmitsi kaldealastelt (babüloonlastelt) tuleva ohuga ja prohvet Habakuk pidi oma maa langust nägema, aga ahastusse sattumise asemel tõi Habakuk Jumalale tänumeelt tundes kiitust.

Samamoodi, hoolimata meie olukorrast või elutingimustest, me võime olla kogu südamest Jumalale tänulikud vaid ainsa asja eest – et me oleme Tema armu läbi päästetud.

Teiseks, me ei tohiks oma usuelu harjumuspäraselt jätkata ega eelnenud kuiva eluviisi juurde tagasi langeda ega elada kristlikku elu, mis ei edene ega muutu.

Kristlasele tähendab entusiasmita elu vanaviisi olekut. See on paigalpüsiv elu, mis ei liigu ega muutu. See tähendab, et meie usk on leige ja harjumuspärane. Selles on näha usu vormilist külge, aga meie süda on ümberlõikamata.

Kui me oleme külmad, võib Jumal meid mingit moodi karistada, et me muutuksime ja uueneksime. Aga kui me oleme leiged, läheme me maailmaga kompromissile ja ei püüa pattudest vabaneda. Me ei jäta Jumalat teadlikult ega kergekäeliselt, sest me oleme Püha Vaimu saanud ja teame väga hästi Taeva ja põrgu olemasoleku kohta.

Kui me tunneme oma puudujääke, palume me Jumalat nende asjus. Aga leiged usklikud ei näita mingit entusiasmi üles. Neist saavad „koguduses käijad."

Nad võivad tunda hingepiina ja ahastust ja muret südames, aga aja jooksul kaovad needki tunded.

„Aga nüüd, et sa oled leige ja mitte külm ega kuum, sülitan ma su välja oma suust" (Johannese ilmutus 3:16). Nii nagu varem öeldud, siis nad ei pääse. Sellepärast tahab Jumal, et me pühitseks aeg-ajalt teatud pühasid, et me kontrolliksime oma usku ja saaksime täiesti küpse täisea usumõõdu.

Kolmandaks, me peame alati oma esimese armastuse armust kinni pidama. Kui me kaotame selle, peame me oma langemise hetkele mõtlema, meelt parandama ja kiiresti taas esimeste tegude juurde naasma.

Igaüks, kes on Isanda Jeesuse vastu võtnud, võib kogeda esimese armastuse armu. Jumala arm ja armastus on nii suured, et iga päev on täis rõõmu ja heameelt.

Nii nagu vanemad ootavad oma laste kasvamist, ootab ka Jumal, et Tema lapsed saaksid tugevama usu ja suurema usumõõdu. Aga kui me mingil hetkel kaotame esimese armastuse armu, võivad meie entusiasm ja armastus jahtuda. Me võime isegi palvetada vaid kohusetundest.

Kui me anname oma südame saatanale, võime me oma esimese armastuse igal hetkel kaotada, juhul kui me pole täiel ja täielikul pühitsusetasemel. Seega, kui me oleme oma tulise esimese armastuse armu kaotanud, peame me leidma selle põhjuse ning kiiresti meelt parandama ja pöörduma.

Paljud ütlevad, et kristlase elu on kitsas raske tee, aga 5. Moosese raamatus 30:11 öeldakse: *„Sest see käsk, mille ma täna sulle annan, ei ole sulle raske täita ega kättesaamatu."* Kui me mõistame Jumala tõelist armastust, ei ole usuelu teekond kunagi raske, kuna praegusi kannatusi ei saa hiljem saadava auga võrrelda. Me võime rõõmu tunda selle au ette kujutamisest.

Seega me peaksime lõpuajal elavate usklikena alati kuuletuma Jumala Sõnale ja kogu aeg valguses elama. Kui me ei lähe maailma laia teed pidi, vaid läheme selle asemel kitsast usuteed mööda, võime me piima ja mett voolavale Kaananimaale minna.

Jumal annab meile päästearmu ja esimesest armastusest tuleva rõõmu. Ta õnnistab meid, aidates meid pühitsusele ja laseb meil usuteed mööda minnes taevariik vägivallaga võtta.

10. peatükk

Sõnakuulelik elu ja õnnistused

5. Moosese raamat 28:1-14

„Ja kui sa tõesti kuulad Isanda, oma Jumala häält ja pead hoolsasti kõiki Tema käske, mis ma täna sulle annan, siis tõstab sind Isand, su Jumal, kõrgemaks kõigist rahvaist maa peal. Ja kõik need õnnistused saavad sulle osaks ja tabavad sind, kui sa võtad kuulda Isanda, oma Jumala häält. Õnnistatud oled sa linnas ja õnnistatud oled sa väljal. Õnnistatud on su ihuvili, su maapinna saak, su karja juurdekasv, su veiste vasikad ning su lammaste ja kitsede talled. Õnnistatud on su korv ja su leiväküna. Õnnistatud oled sa tulles ja õnnistatud oled sa minnes."

Väljarände ajalugu õpetab meile palju väärtuslikku. Nii nagu vaaraot ja Egiptust tabasid nende sõnakuulmatuse tõttu nuhtlused, pidid Iisraeli lapsed kannatama teel Kaananimaale katsumusi ja asjad ei laabunud, kuna nad läksid Jumala tahte vastu.

Nad pääsesid paasapühal esmasündinu surma nuhtlusest, aga nad hakkasid kurtma kui neil polnud Kaananimaa poole minnes joogivett ega sööki, mida süüa.

Nad valmistasid kuldkuju ja kummardasid seda ja rääkisid Tõotatud maa kohta halba; nad läksid isegi Moosese vastu. Nad tegid kõike seda, kuna nad ei näinud Kaananimaale minekut ususilmade läbi.

Selle tulemusena suri kõrbes kogu väljarände aegne esimene sugupõlv, välja arvatud Joosua ja Kaaleb. Ainult Joosua ja Kaaleb uskusid Jumala tõotust ja kuuletusid Talle ning läksid väljarände teise sugupõlvega Kaananimaale.

Kaananimaale mineku õnnistus

Kuna väljarände esimene sugupõlv oli osa neljasaja aasta jooksul Egiptuses paganakultuuri keskel sündinud ja kasvanud sugupõlvedest, oli neis usk Jumalasse paljuski kaduma läinud. Samuti juurdus nende südamesse tagakiusu ja kannatuste ajal üsna palju kurjust

Aga väljarände teise sugupõlve iisraellastele õpetati noorest peale Jumala Sõna. Nad olid oma vanemate sugupõlvest palju erinevamad, kuna nad nägid palju Jumala väetegusid.

Nad mõistsid, miks nende vanemate sugupõlv ei saanud Kaananimaale minna, vaid pidi nelikümmend aastat kõrbes viibima. Nad olid täiesti valmis Jumalale ja oma juhile tõese usuga kuuletuma.

Nad tõotasid Jumalale täielikult kuuletuda, erinevalt oma vanemate sugupõlvest, kes nurises pidevalt, tehes seda ka pärast Jumala arvukate tegude nägemist. Nad tunnistasid, et nad kuuletuvad Jumala tahtel Moosese järglaseks saanud Joosuale täielikult.

> *Ngu me kõiges kuulasime Moosest, nõnda tahame kuulata sind! Olgu ainult Isand, su Jumal, sinuga, nagu ta oli Moosesega! Igaüks, kes paneb vastu su käsule ega kuula sinu sõnu kõiges, mida sa meid käsid teha, surmatagu! Ole ainult vahva ja tugev!* (Joosua 1:17-18).

40 kõrbes veedetud aastat, mil Iisraeli lapsed rändasid ringi, ei olnud üksnes karistuse aeg. See oli Kaananimaale mineva väljarände teise sugupõlve vaimse kasvatuse aeg.

Enne seda kui Jumal õnnistab meid, laseb Ta meil erinevat vaimset väljaõpet läbida, et me saaksime vaimse usu. Vaimse usu puudumisel ei saa me päästetud ega taevariiki.

Samuti, kui Jumal õnnistab meid enne vaimse usu saamist,

naaseks suurem osa meist tõenäoliselt maailma. Seega Jumal laseb meil näha Ta hämmastavaid väetegusid ja lubab me ellu vahel tuliseid katsumusi, mis lasevad meie usul kasvada.

Esimene takistus teise sugupõlve ees olevale kuulekusele oli Jordani jõe ääres. Jordani jõgi voolas Moabi tasandikelt Kaananimaale ja sel ajal oli jões tugev vool ja jõgi voolas sageli üle kallaste.

Mida Jumal selle peale ütles? Ta ütles, et preestrid kannaksid lepingulaegast ja läheksid sellega ees, minnes esimesena jõkke. Kui inimesed kuulsid Joosualt Jumala tahet, läksid nad preestrite järel kõhklusteta Jordani jõe poole.

Nad võisid kuuletuda kahtluste ja kaebusteta, kuna nad uskusid kõiketeadjat kõikvõimast Jumalat. Selle tulemusel peatus vetevoog kui seaduselaegast kandvate preestrite jalad puudutasid jõeserval vett ja veevool peatus ning nad võisid kuiva jõepõhja pidi jõest läbi minna.

Nad hävitasid ka Jeeriko linna, mida peeti vallutamatuks kindluseks. Erinevalt tänapäevast polnud neil võimsaid relvi ja niisuguseid tugevaid müüre, mis koosnesid tegelikult kahest müürikihist, oli peaaegu võimatu hävitada.

Selle hävitamine oleks tohutult raske ülesanne olnud isegi kogu nende tugevuse juures. Kuid Jumal ütles, et nad lihtsalt kõnniksid kuue päeva jooksul korra päevas ümber linna ja ärkaksid seitsmendal päeval vara ja kõnniksid seitse korda ümber linna ning hõiskaksid siis valjuhäälselt.

Väljarände teine sugupõlv hakkas kõhklemata linnamüüride

ümber minema olukorras, kus vaenlase väed valvasid müüridel.

Nende vaenlane oleks võinud nende suunas väga palju nooli lasta või nende vastu täisründe korraldada. Nad kuuletusid ikkagi selles ohtlikus olukorras Jumala Sõnale ja lihtsalt kõndisid ümber linna. Ka tugevad müürid pidid kokku langema kui Iisraeli rahvas kuuletus Jumala Sõnale.

Sõnakuulelikkuse kaudu saadud õnnistused

Kuulekus võib igasugustest olukordadest välja tuua. See on Jumala hämmastava väe alla toomise kanal. Inimlikust vaatenurgast võime me mingis asjas kuuletumist võimatuks pidada. Aga Jumala arvates pole midagi, milles me kuuletuda ei saaks ja Jumal on kõikvõimas.

Taolise kuuletumise jaoks tuleb meil Jumala Sõna Püha Vaimu sisendusel täielikult kuulata ja mõista, nii nagu meil tuleks talle liha tulel küpsetada.

Samamoodi nagu Iisraeli rahvas on sugupõlvede jooksul pidanud paasapüha ja hapnemata leibade püha, tuleb meil Jumala Sõna alati meenutada ja meeles pidada. Me peame nimelt pidevalt oma südant Jumala Sõnaga ümber lõikama ja oma päästearmu eest tänutundest pattudest ja kurjast vabanema.

Üksnes siis saame me tõelise usu ja teeme täiusliku kuulekuse tegusid.

Võib olla asju, milles me ei saa kuuletuda kui me mõtleme

inimlike teooriate, teadmiste või praktilise mõistuse seisukohast. Aga Jumal tahab, et me oleksime ikkagi ka neis asjus kuulekad. Kui me kuuletume niimoodi, näeme me Jumala suuri tegusid ja imelisi õnnistusi.

Piiblis said paljud kuulekuse teel kirjeldamatult suuri õnnistusi. Taaniel ja Joosep olid õnnistatud, kuna nad uskusid kindlalt Jumalat ja pidasid surmani vaid Jumala Sõnast kinni. Me võime ka usuisa Aabrahami elu valgel näha, kui hea meel oli Jumalal sõnakuulelikest inimestest.

Aabrahamile antud õnnistused

> *Ja Isand ütles Aabramile: „Mine omalt maalt, omast sugukonnast ja isakojast maale, mille ma sulle näitan! Ma teen sind suureks rahvaks ja õnnistan sind, ma teen su nime suureks, et sa oleksid õnnistuseks!"* (1. Moosese raamat 12:1-2).

Sel ajal oli Aabraham seitsmekümne viie aastane, ta ei olnud kindlasti enam noor. Tal polnud üldsegi lihtne oma maalt lahkuda ja kõik sugulased maha jätta, kuna tal ei olnud ühtegi poega, kes ta pärija oleks olnud.

Jumal ei nimetanud ka, kuhu ta minema pidi. Jumal lihtsalt ütles, et ta lahkuks. Inimliku mõtlemise baasilt oli tal väga raske kuuletuda. Ta pidi kogu oma kogunenud rikkuse maha jätma ja minema täiesti võõrasse kohta.

Pole lihtne kogu olemasolevat jätta ja minna täiesti uude kohta, eriti kui miski ei taga kindlat tulevikku. Kui paljud jätaksid tegelikult kõik, mis neil hetkel on, kui nende tulevik pole nii selge? Aga Aabraham lihtsalt kuuletus.

Aabrahami kuulekus paistis veelgi enam silma teisel korral. Jumal lasi Aabrahami õnnistamiseks teda läbi katsuda, et ta kuulekus oleks veelgi täielikum.

Jumal käskis tal nimelt oma ainus poeg Iisak ohvriks tuua. Iisak oli Aabrahamile kallis poeg. Ta oli Aabrahamile temast enesest väärtuslikum, aga ta kuuletus kõhkusteta.

Pärast seda kui Jumal Aabrahamiga rääkis, kirjutatakse 1. Moosese raamatus 22:3, et järgmisel päeval tõusis Aabraham hommikul vara ja valmistas Jumalale ohvri toomiseks kõik ette ning läks Jumala nimetatud paika.

Seekord oli tegu oma maa ja isakoja mahajätmisest suurema kuulekuse tasemega. Sel ajal ta kuuletus lihtsalt, teadmata tegelikku Jumala tahet. Aga kui Jumal ütles, et ta annaks oma poja Iisaki põletusohvriks, mõistis ta Jumala südant ja kuuletus Ta tahtele. Heebrealastele 11:17-19 on kirjas, kuidas ta uskus, et isegi kui ta annaks oma poja põletusohvriks, elustaks Jumal ta, kuna ta oli Jumala tõotatud seeme.

Jumalal oli Aabrahami ususst hea meelt ja Ta valmistas ise ohvri. Pärast seda kui Aabraham läbis läbikatsumise, kutsus Jumal teda oma sõbraks ja õnnistas teda väga.

Iisraelis on ka tänapäeval vähe vett. Sel ajal oli Kaananimaal veelgi vähem vett. Aga kuhu iganes Aabraham läks, seal oli rohkelt vett. Ja isegi temaga viibinud vennapoeg Lott oli väga õnnistatud.

Aabrahamil oli palju kariloomi ja palju hõbedat ja kulda; ta oli väga rikas. Kui Aabrahami vennapoeg Lott võeti vangi, võttis Aabraham 318 oma kojas kasvanud meest ja päästis Loti. Juba seda nähes võib aru saada kui rikas ta oli.

Aabraham kuuletus Jumala Sõnale. Maa ja ta ümbrus olid õnnistatud ja samuti olid õnnistatud teda ümbritsevad inimesed.

Aabrahami kaudu õnnistati ka ta poega Iisakit ja tal oli nii palju järeltulijaid, et neist moodustus rahvas. Jumal lubas talle ka õnnistada neid, kes õnnistasid teda ja needa neid, kes needsid teda. Teda austati nii palju, et isegi naabruses olevad kuningad avaldasid talle austust.

Aabrahamil olid kõik maapealsed õnnistused, kaasa arvatud rikkus, kuulsus, võim, tervis ja lapsed. Ta oli õnnistatud tulles ja minnes, nii nagu kirjutatakse 5. Moosese raamatu 28. peatükis.

Temast sai õnnistuste allikas ja usuisa. Ta suutis ka Jumala südant sügavuti mõista ja Jumal võis oma südamest temaga asju jagada, kuna ta oli Jumala sõber. See oli auline õnnistus!

Kuna Jumal on armastus, tahab Ta, et igaüks oleks Aabrahami moodi ja saaks õnnistatud ja austatud. Sellepärast lasi Jumal Aabrahami kohta kõik üksikasjalikult kirja panna. Kes iganes järgib tema eeskuju ja kuuletub Jumala Sõnale, võib saada samamoodi Aabrahami kombel tulles ja minnes õnnistatud.

Meid õnnistada sooviva Jumala armastus ja õiglus

Siiani vaatlesime me kümmet Egiptust tabanud nuhtlust ja paasapüha, mis oli iisraellaste pääsemise tee. Selle kaudu võime me mõista, miks meid tabavad õnnetused ja kuidas neist hoiduda ning kuidas pääseda.

Kui meie elus on probleemid või haigused, tuleb meil mõista, et need on algselt meie kurjast tingitud. Siis tuleb meil kiiresti oma elu üle vaadata, meelt parandada ja igasugusest kurjast vabaneda. Samuti võime me Aabrahami kaudu mõista, kui imeliselt ja sõnulseletamatult Jumal õnnistab Talle sõnakuulelikke inimesi.

Iga õnnetuse taga seisab mingi põhjus. Tagajärjed võivad olla väga erinevad, sõltuvalt sellest kui palju me mõistame juhtunut oma südames, pöördume patust ja kurjast ja muutume. Mõned maksavad lihtsalt oma valede tegude tõttu, aga teised leivad kannatades oma südames pimedust või kurja ning kasutavad võimalust, et muutuda.

5. Moosese raamatu 28. peatükis võrreldakse Jumala Sõnale kuulekuse ja sõnakuulmatuse tõttu meie elu tabavaid õnnistusi ja needusi.

Jumal tahab meid õnnistada, aga nii nagu Ta ütles 5. Moosese raamatus 11:26: *„Vaata, ma panen täna teie ette õnnistuse ja needuse,"* on otsus meie teha. Kui me külvame ube, tärkavad oad. Samuti tabavad meie elu patu tõttu saatana toodud õnnetused. Sel juhul peab Jumal oma õigluse tõttu õnnetused läbi laskma.

Vanemad tahavad, et nende lastel läheks hästi ja ütlevad neile: „Õpi hästi!", „Ela ausalt!", „Pea kõigist liikluseeskirjadest kinni!" ja nii edasi. Jumal andis meile oma käsud samasuguse südamega ja Ta tahab, et me neile kuuletuksime. Vanemad ei taha kunagi, et lapsed oleksid neile sõnakuulmatud ja et nendega juhtuksid õnnetused ja neid tabaks häving. Samamoodi ei taha Jumal kunagi, et me probleemide tõttu kannatama peaksime.

Seega ma palun Isanda Jeesuse Kristuse nimel, et te mõistaksite, et Jumal ei taha oma lastele õnnetust, vaid õnnistust ja sõnakuulelikult elades olete te tulles ja minnes õnnistatud ja teil on hea käekäik.

Autor:
Dr Jaerock Lee

Dr Jaerock Lee sündis 1943. aastal Muanis, Jeonnami provintsis, Korea Vabariigis. Kahekümnesena oli Dr Lee mitmete ravimatute haiguste tõttu seitse aastat haige ja ootas surma ilma paranemislootuseta. Kuid õde viis ta ühel 1974. aasta kevadpäeval kogudusse ja kui ta põlvitas, et palvetada, tervendas elav Jumal ta kohe kõigist haigustest.

Hetkest kui Dr Lee kohtus selle imelise kogemuse kaudu elava Jumalaga, on ta Jumalat kogu südamest siiralt armastanud ja Jumal kutsus ta 1978. aastal end teenima. Ta palvetas tuliselt, et ta võiks Jumala tahet selgelt mõista ja seda täielikult teha ning kuuletuda kogu Jumala Sõnale. 1982. aastal asutas ta Manmini koguduse Seoulis, Lõuna-Koreas ja tema koguduses on aset leidnud arvukad Jumala teod, kaasa arvatud imepärased tervenemised ja imed.

1986. aastal ordineeriti Dr Lee Korea Annual Assembly of Jeesus' *(Jeesuse aastaassamblee)* Sungkyuli koguduse pastoriks ja neli aastat hiljem – 1990. aastal, hakati tema jutlusi edastama Austraalia, Venemaa, Filipiinide ülekannetes ja paljudes muudes kohtades Kaug-Ida ringhäälingukompanii, Aasia ringhäälingujaama ja Washingtoni kristliku raadiosüsteemi kaudu.

Kolm aastat hiljem, 1993. aastal, valis *Christian World (Kristliku maailma)* ajakiri (USA) Manmini Keskkoguduse üheks „Maailma 50 tähtsamast kogudusest" ja Christian Faith College *(Kristlik Usukolledž)*, Floridas, USA-s andis talle Teoloogia audoktori tiitli ja 1996. aastal sai ta Ph.D. teenistusalase kraadi Kingsway Teoloogiaseminarist, Iowas, USA-s.

1993. aastast alates on Dr Lee juhtinud maailma misjonitööd, viies läbi palju välismaiseid krusaade Tansaanias, Argentinas, L.A.-s, Baltimore City's, Havail ja New York City's USA-s, Ugandas, Jaapanis, Pakistanis, Kenyas, Filipiinidel, Hondurasel, Indias, Venemaal, Saksamaal, Peruus, Kongo Rahvavabariigis, Iisraelis ja Eestis. 2002. aastal nimetasid Korea peamised kristlikud ajalehed teda tema töö eest paljudel välismaistel ühendkrusaadidel „maailmapastoriks."

2002. aastal kutsuti teda Korea peamistes kristlikes ajalehtedes tema väelise teenistuse tõttu erinevatel väliskoosolekusarjadel „ülemaailmseks äratusjutlustajaks". Ta kuulutas julgelt, et Jeesus Kristus on Messias ja

Päästja eriti „New Yorki 2006. aasta koosolekusarja" käigus, mis toimus maailma kuulsaimal laval Madison Square Gardenis ja mida edastati 220 riiki ja Jeruusalemma rahvusvahelises koosolekukeskuses toimunud „2009. aasta Iisraeli ühendkoosolekute sarja" käigus. Tema jutlusi edastatakse 176 riiki satelliitide kaudu, kaasa arvatud GCN TV ja ta kuulus Venemaa populaarse kristliku ajakirja In Victory *(Võidukas)* ja uudisteagentuuri Christian Telegraph *(Kristlik Telegraaf)* sõnul 2009. ja 2010. aastal oma vägeva teleedastusteenistuse ja välismaise koguduste pastoriks olemise tõttu 10 kõige mõjukaima kristliku juhi sekka.

2018. aasta veebruaris alates koosneb Manmini Keskkogudus rohkem kui 130 000 liikmest. Kogudusel on 11000 sisemaist ja välismaist harukogudust, mille hulka kuuluvad 56 kodumaist harukogudust ja praeguseni on sealt välja lähetatud rohkem kui 98 misjonäri 26 maale, kaasa arvatud Ameerika Ühendriigid, Venemaa, Saksamaa, Kanada, Jaapan, Hiina, Prantsusmaa, India, Kenya ja paljud muud maad.

Tänaseni on Dr Lee kirjutanud 110 raamatut, kaasa arvatud bestsellerid *Tasting Eternal Life before Death (Maitsedes igavest elu enne surma), My Life My Faith I & II (Minu elu, minu usk I ja II osa), The Message of the Cross (Risti sõnum), The Measure of Faith (Usu mõõt), Heaven I & II (Taevas I ja II osa), Hell (Põrgu)* ja *The Power of God (Jumala vägi)* ja tema teosed on tõlgitud enam kui 75 keelde.

Tema kristlikud veerud ilmuvad väljaannetes *The Hankook Ilbo, The JoongAng Daily, The Chosun Ilbo, The Dong-A Ilbo, The Seoul Shinmun, The Kyunghyang Shinmun, The Korea Economic Daily, The Shisa News* ja *The Christian Press.*

Dr Lee on praegu mitme misjoniorganisatsiooni ja-ühingu asutaja ja president, kaasa arvatud The United Holiness Church of Korea *(Korea Ühendatud Pühaduse Koguduse)* esimees; The World Christianity Revival Mission Association *(Ülemaailmse Kristliku Äratusmisjoni Liidu)* asutaja; Global Christian Network (GCN) *(Ülemaailmse Kristliku Võrgu CGN)* asutaja ja juhatuse esimees; The World Christian Doctors Network (WCDN) *(Ülemaailmse Kristlike Arstide Võrgu WCDN)* asutaja ja juhatuse esimees; Manmin International Seminary (MIS) *(Manmini Rahvusvahelise Seminari MIS)* asutaja ja juhatuse esimees.

Teised kaalukad teosed samalt autorilt

Taevas I & II

Üksikasjalik ülevaade taevakodanike toredast elukeskkonnast keset Jumala au ja taevariigi eri tasemete ilus kirjeldus.

Risti Sõnum

Võimas äratussõnum kõigile, kes on vaimses unes! Sellest raamatust leiate te põhjuse, miks Jeesus on ainus Päästja ja tõeline Jumala armastus.

Põrgu

Tõsine sõnum kogu inimkonnale Jumalalt, kes soovib, et ükski hing ei sattuks põrgu sügavustesse! Te leiate mitte kunagi varem ilmutatud ülevaate surmavalla ja põrgu julmast tegelikkusest.

Vaim, Hing ja Ihu I & II

Teatmik, kust saab vaimse arusaama vaimu, hinge ja ihu kohta ja mis aitab meil avastada oma „mina", milleks meid tehti, et me saaksime pimeduse võitmiseks väe ja muutuksime vaimseks inimeseks.

Usumõõt

Missugune elukoht, aukroon ja tasu on sulle Taevas valmistatud? Sellest raamatust saab tarkust ja juhatust usu mõõtmiseks ja parima ning kõige küpsema usu arendamiseks.

Ärka, Iisrael

Miks on Jumal pidanud Iisraeli maailma algusest kuni tänapäevani silmas? Missugune Jumala ettehoole on lõpuajaks valmistatud Iisraelile, kes ootab Messiase tulekut?

Minu Elu ja Mu Usk I & II

Kõige hõrgum vaimne lõhn, mis tuleb Jumala armastusega õilmitsevast elust keset süngeid laineid, külma iket ja sügavaimat meeleheidet.

Jumala Vägi

Kohustuslik kirjandus, mis on vajalik juhis tõelise usu omamiseks ja Jumala imelise väe kogemiseks.

www.urimbooks.com

www.ingramcontent.com/pod-product-compliance
Lightning Source LLC
LaVergne TN
LVHW092047060526
838201LV00047B/1283